AI時代の衝撃！

「教えない学習塾」成功の秘密!!

松陰塾®FC本部代表
田中正徳 著

海鳥社

1

2

私たち松陰塾は、
松下村塾を継承する塾として
認められました。

2017年、吉田松陰先生顕彰碑を
ユネスコ世界文化遺産「松下村塾」横に建立。
さらに2018年には、この顕彰碑を起点として
松門神社へ続く小径を「学びの道」とし、
その両側に、松陰先生の言葉を刻んだ
25基の碑を設置させていただきました。

1学びの道。約80mの小径の両側に25基の碑が並ぶ／2松陰神社の上田俊成名誉宮司（右）と著者／3「自立学習の祖 吉田松陰先生」顕彰碑／4顕彰碑の除幕式にて（2017年12月18日）

since1980
Showin
ショウイン式®
わかるの3大法則で
成《せい》績《せき》アップ宣《せん》言《げん》!!
❶わかる
ところから
始めます
❷わかる
まで先に
進みません
❸わかる
まで繰り返し
ます
通い放題の塾
小1～中3対象
5教科指導
英検®対策
漢熟検®対策
完全
個別
松陰塾®

はじめに

松下村塾の教育を継承する「松陰塾」

江戸時代の終わりごろ、現在の山口県萩市に「松下村塾」と呼ばれる私塾がありました。ここで門下生を指導した教育者が吉田松陰先生です。明治維新の原動力となった高杉晋作や明治政府の総理大臣・伊藤博文など、幕末から明治にかけて活躍した多くの青年がここで育ちました。この塾は二〇一五年に「明治日本の産業革命遺産」の一つとして世界遺産に登録され、今でも当時のままの姿を見ることができます。

松下村塾には厳格な規則はなく、生徒を教えるというよりはむしろ、互いに親しみ、助け合い、尊敬・信頼しながら切磋琢磨するという人間教育が行われていました。

「あなたは、何のために学問をするのか？」

「その上で何をしようとしているのか？」

これが入塾試験でした。そして一人ひとりの個性を見抜いて課題を与え、「自分で考える力」を養わせる「自立学習」を実践していました。この松下村塾の指導方法に共感を覚え、現代に引き継ぐべく、最先端の学習システムを取り入れ継承したのが「松陰塾」です。

「教えない指導」で教育の逆転を起こしたい

松陰塾は一九八〇年、個別指導塾の草分けとして誕生しました。しかし、個別指導の限界を知り、パソコン（ＰＣ）を利用した学習に切り替えました。二〇〇一年には国内初、小中学生五教科を有する本格的なインターネット学習コンテンツを公開しました。日々のブラッシュアップにより、現在十二万問題以上を有する国内最大級の学習コンテンツに成長しており、本格的なタブレット学習システムも完成させました。

文部科学省が「二〇二〇年までに全ての小中学校の児童・生徒にＰＣやタブレット型端末を使わせる」という目標を掲げているように、教育の歴史も変わろうとしています。学校、塾、家庭全ての学習スタイルが変わるとともに、子どもたちの生活スタイルにも大きな変化が起きることでしょう。この変革期に吉田松陰先生の教育方法を模した「ショウイン式」ができ上がったことにご縁を感じます。

現在、全国二一〇教室（二〇一九年十月現在）で「ショウイン式」の指導を実践しております。一千万人の小中学生がデジタル教科書を持って通学・通塾する時代が目前に迫る中、この時代に相応しい「自立学習」を世の中に広げることこそ、私たちのミッションであり、志でもあります。

二〇一九（令和元）年十月

株式会社ショウイン代表取締役　**田中正徳**

ＡＩ時代の衝撃！「教えない学習塾」成功の秘密!!◉目次

第二章　なぜ松陰塾の経営は成功するのか？

第四章　松陰塾の経営者たち

第一章

奇跡を起こす塾

松陰神社とのご縁

新たな時代が幕を開けた令和元（二〇一九）年五月二十五日。

私は山口県萩市にある松陰神社にいました。

松陰神社では吉田松陰先生が安政の大獄で江戸送りになった日を「春季大祭」、処刑された日を「秋季大祭」と定め、地元はもとより全国から関係者が集まり、神事が執り行われています。

この日は春季大祭が斎行され、松陰神社総代の皆様、萩市長、教育長など地元の有志一同約百名が出席されました。また、私たちはこの日に合わせて松陰神社の上田俊成名誉宮司より感謝状を授けられることになっていました。

上田俊成名誉宮司より感謝状を拝受する著者

澄み渡った青空の下、新緑に包まれた樹々の間から柔らかな光が溢れる境内は、松陰先生の御魂を祀るに相応しい厳かな雰囲気を醸し出しています。

ドン…ドン…ドン…ドン………ドン

天を衝く大太鼓の響きとともに神事が始まり、宮司が祝詞《のりと》を奏上、玉串を捧げます。心の奥にある大和魂の遺伝子が揺さぶられると感じるのは、松陰先生の御魂がすぐそこに存在し、その偉業を学んできたからに他なりません。履物を脱いで本殿に上がり、名誉宮司より感謝状を拝受しました。

神幸祭の子ども神輿

「……松陰先生の至誠の心と高い志を吾が心とし松陰塾をもって青少年教育に邁進され多大な成果を挙げてこられました……」

松陰先生に因んで「松陰塾」と名付け教育事業を拡大してきた私たちが感謝の気持ちを込めて行ったことについて、身に余る賛辞の言葉をもって表彰されたことに、心から御礼の言葉を述べさせていただきました。

さらにこの日午後には、松陰先生殉節一六〇年にして、その御霊が初めて松陰神社を出て、萩往還（旧街道）を通り、萩の町が最後に見渡せる峠である「涙松」まで子ども神輿《みこし》に担がれていく神幸祭も行われました。地元町内会の子どもたちやその保護者ら約八十人が参加。おはらいを受けた子どもたちが松陰神社の社紋が入った子ども神輿を交互に担ぎ、太鼓の音が響く中、元気よく歩みを進めていました。

「松陰先生の御魂は、この一六〇年間一度も神社から外に出ることはなかった。さぞお喜びになっただろう」

上田名誉宮司は、地元新聞の取材にこう答えられました。

私たちは、この子ども神輿を奉納させていただき、その担ぎ棒に「松陰塾」と刻銘する栄誉を賜りました。

「学びの道」の誕生

吉田松陰先生のお名前に因んで塾名を「松陰塾」にして以来、毎年四月に社員一同で松陰神社に参拝してきました。最初の頃、宮司に社名を尋ねられ、「すみません……私どももショウインと言います。カタカナです」と少し照れくさい気持ちで答えたところ、嫌な顔一つされず対応していただいたことを覚えています。

境内には松陰先生の実家である杉家旧宅と松下村塾が並んで建っています。教場は木造平屋の八畳一間で、もともとあった小さな小屋を改造したものです。江戸時代の建築物で一六〇〇年以上経っています。

参詣する時は松下村塾を左に眺めて参道を歩くのですが、いつ来ても不思議と懐かしいのです。明治維新に活躍し、日本の近代国家発展に貢献した塾生を指導

2015年に「明治日本の産業革命遺産」の１つとして
世界文化遺産に登録された松下村塾

した先生の魂のほとばしりが、ここにはあります。

ある年、松下村塾の建物の中に入って見学できないものかと考え、神社にご相談したところ、「観光目的で入ることはできないが、宮司の講義を聴くという学習目的ならよい」ということで許可が下りました。思いつきに端を発したことですが、これが松陰神社とのご縁の始まりになるとは想像もしていませんでした。

こうして、社員一同の正式参拝と松下村塾内での宮司による講義の聴講は恒例行事になりました。その後、二〇一五年には世界文化遺産に登録され、NHKの大河ドラマの舞台になるなど、松下村塾の存在は全国的にも注目されるようになりました。

二〇一七年四月に正式参拝した折、思い切って上田名誉宮司に、境内に松陰先生の顕彰碑を建立したい旨をお伝えしました。気さくに接していただける宮司のお人柄に惹かれ、気軽にお願いしてしまったのです。後から考えると、あまりにも畏れ多いことであり、お断りされてもおかしくありませんでした。

上田名誉宮司は一九四一年、山口県長門《ながと》市に出生されました。國學院大學史学科を卒業後、飯山八幡宮宮司、山口県神社庁長、神社本庁理事、山口県文化連盟会長などを歴任され、現在は神社本庁研修委員、山口県神社庁顧問を務めておられます。二〇一六年十月には松陰神社の名誉宮司に推挙されました。松陰神社の発展に多大な貢献をされただけではなく吉田松陰の研究家としても知られ、著書も多く、精力的な講演活動もされています。〝現代の吉田松陰先生〟として生き

松下村塾内で上田名誉宮司の講義を受けるショウイン社員

方を学ぶことができ、私が師と仰ぐ人物でもあります。

私たちの塾名が「松陰塾」であり、名誉宮司にその教育方法を少しずつご理解いただいたこと、そして名誉宮司が以前より松陰先生の語録をモニュメント化したい構想があったことなどのタイミングも重なり、顕彰碑を建立できる奇跡が起きたのです。

境内には、本殿に続く参道と並行して北参道があります。松陰先生の門下生を中心に五十三柱をお祀りする松門神社の社殿へと続く約八〇メートルの小道です。

松陰神社本殿に参詣される方の多くが参道を通る一方、この北参道の利用者は多くありません。しかし明治初期に作られた古地図によると、松陰神社ができる前は北参道が本道であり、松下村塾へ通う時はこちらが使われていたと想像されます。

そこで私たちは、この北参道を松陰先生について学ぶ「学びの道」と命名し、松陰先生の「志」を学べるようにその語録を刻んだ碑を道沿いに並べ、入口に松陰先生の顕彰碑を建立するという提案をとりまとめ、松陰神社からの正式な許可を待つことになりました。

二〇一七年十月十七日朝、名誉宮司より許可のご連絡がありました。国の史跡であり、世界文化遺産にも登録されている松下村塾のそばに構造物を新設するには文部科学省などからも許可を得る必要があり、名誉宮司のご尽力なくしては到底実現できなかったことです。

顕彰碑は高さ一六〇センチメートル、横幅八〇センチメートルの黒御影石を近

松陰神社で行われた顕彰碑除幕式奉告祭

代的にデザイン。松陰先生の肖像画を手彫りし、「志」「学は人たる所以を学ぶなり」の文字を刻銘するため名誉宮司に揮毫していただきました。さらにこれらの文字を下から支えるように「松陰塾」の屋号を配し、石碑の裏面に、「顕彰碑明治維新を成し遂げ日本の近代国家発展に多大なる貢献をした塾生を松下村塾で育てた吉田松陰先生の希有な教育方法を顕彰し、その教えを継承する」と刻銘することが許可されました。ここに吉田松陰先生の教えを継承する塾が「松陰塾」であることが正式に認められたのです。

二〇一七年十二月十八日、除幕式。費用については松陰塾の加盟校オーナー様や関係各位からのご寄付があり、顕彰碑の製作については創業一三〇年の老舗である地元の白井石材店五代目社長・白井大和様のご尽力がありました。正式に建立の許可をいただいてから、わずか二カ月の超短期間で除幕式まで漕ぎつけたのです。

松陰先生は「寸暇を惜しんでは万巻の書を読破し、行動するための学問が大切だ」と説かれましたが、まさにこのスピードは松陰先生のご遺徳のなせる業《わざ》としか説明のしようがないものです。

「松陰語録」を碑に

次はいよいよ「学びの道」への碑の建立です。

松陰先生が遺された膨大な書籍の中からこの「学びの道」に相応しい二十五の言葉を、上田名誉宮司を中心とする選者の方々に選んでいただきました。二十五基の碑の建立にはそれ相応の予算が見込まれましたが、私たちの「志」として五年以内に完成させることを名誉宮司とお約束しました。名誉宮司には「そんなに焦ることはない」と仰っていただきましたが、予算の目途さえつけば、すぐに着手できるのです。当初は民間企業から寄付を募ることを考えていましたが、これでは時間がかかり過ぎます。そこで思い切って、全てを自社で賄うことにしました。

松下村塾は国の史跡であり世界文化遺産にも登録され、今では全国各地から年間約八十万人が訪れます。下手なものは作れません。そこで碑のプロダクトデザインは、「博多口駅前広場」の設計でグッドデザイン賞を受賞するなど、数多くの公共デザインを手がけてきた九州大学大学院芸術工学研究院の森田昌嗣教授率いるデザインチームにお願いしたところ、幸いにも快諾をいただくことができました。

碑の本体は鋳物製で、松陰先生の言葉はプレートを適宜入れ替えて掲示できるようにし、そのポール部分に「松陰塾」のロゴを彫り込みました。「燈明祭り」など、夜のイベント時にも見てもらえるようライトアップ機能も取り付けました。配電線を地下に埋設すれば景観を損なうこともありません。境内の設備などを熟知し、古くから工事に携わってきた専門業者のご尽力により、スイッチ一つでライトアップできるようになりました。これでいよいよ夕暮れの境内に幻想的な「光の道」が出現することになりました。

二〇一八年十二月十八日、奇しくも顕彰碑建立からちょうど一年後にあたる節目の日に除幕式が行われました。名誉宮司とのお約束をちょうど一年で達成することができたのです。

こうして「学びの道」に立つ顕彰碑と二十五基の碑は、松陰神社を参詣する人々が松陰先生の語録を学び、その想いに触れられる場所となりました。同時に

「学びの道」除幕式にて。碑の左側が松陰神社の
青田國男宮司、右側が上田名誉宮司

ライトアップされた「学びの道」

松陰塾の誇りと「志」のシンボルとなったのです。

傍からは無理難題にみえることでも、「志」を立て、覚悟を決め、綿密な計画を練り、一つずつ実行すれば、運を引き寄せて達成することができる。この経験は、私たちにそのことを教えてくれました。

吉田松陰先生の教えを現代に

顕彰碑に刻銘した「志」の文字は、松陰先生を象徴する文字としてふさわしいものだと思っています。その文字の下に松下村塾門下生の一人・松浦松洞《しょうどう》が描いた肖像画を手彫りしてはめ込み、「自立学習の祖　吉田松陰先生」「学は人たる所以を学ぶなり」と刻銘しました。

「学は人たる所以を学ぶなり」とは、「勉強において学ぶべきことは、人間として大切なことは何か、そして人間はどのように生きていくべきかを知ることである」という意味です。私たち松陰塾が吉田松陰先生から学び、そしてこれからもその教えを守っていく珠玉の言葉なのです。

小学生でもわかる言葉ですが、この当たり前のことを学ぶ場がなくなってきているように感じます。吉田松陰先生のお言葉は松下村塾門下生はもとより、多くの人々の「魂」を今日に至るまで脈々と揺り動かし続けています。松陰先生の「志、至誠、学問への想い」を継承し、公教育の現場では伝えられない、松陰塾ならではの教育を行っていきたいと考えています。

顕彰碑に刻まれた「志」の文字と
吉田松陰先生肖像（松陰神社所蔵）

第二章

なぜ「ショウイン式」で成績が伸びるのか？

「ショウイン式」が誕生するまで

松陰塾では、「ショウイン式」と呼ばれる学習システムを採用しています。この「ショウイン式」は、私たちのこれまでの経験と、そこから得たノウハウを凝縮したものです。かつて学習塾の運営を通して集合型学習塾の限界を知り、その欠点を補う形で改良を加えた学習スタイルであり、さらに吉田松陰先生の志、教育手法を反映したものになっています。

ここではまず、「ショウイン式」がどのような経緯で誕生したのかをお話ししたいと思います。それは私たちの学習指導の歴史であると同時に失敗の歴史でもありますが、それでもこの経験なくして今の松陰塾は語れないからです。

■一クラス三名の個別指導塾からスタート

私は大学を卒業して大手住宅メーカーに就職しました。しかし馴染めずに三カ月で退職し、兄が始めたばかりの学習塾に入りました。一九八〇年七月のことです。

学習塾では小中学生を対象とし、個別指導を売りにしていました。当時から個別指導をうたう学習塾は他にもありましたが、それでも一クラス十名程度。私たちの学習塾は一クラス三名で週に二回（一回二時間）の授業を行っていました。三名であれば一人ひとりに目を配ることが可能で、学力別にクラスを編成して、それぞれにあったカリキュラムを作ることもできます。

さらにオリジナルの教材も作成しました。当時は小中学生向けの参考書というものがなく、どの塾でも学校の教科書を使って教えていましたが、私たちはさまざまな教科書の練習問題を抜粋するなどしてオリジナルの教材を作りました。

①一クラス三名の個別指導
②学力別クラス編成、生徒の学力に応じたカリキュラム
③オリジナル教材の使用

この三つを塾の特長として打ち出し、営業活動に力を入れました。電話をかけて関心を持ってくれた家を訪問し、無料で受講できる体験学習を案内します。時には団地をまわって飛び込み営業も行いました。「うちは子どもがいない」と言われると、小中学生のいる家を教えてもらい、そこを訪問しました。

一九八〇年代は、団塊ジュニア世代が中学生になろうかという時期で、小中学校では一クラスの人数が四十人前後いました。学校の勉強だけではついていけない生徒も増えており、親たちはとにかく塾に通わせることで安心感を得ようとしていました。当時の学習塾は一クラス十五人から三十人程度の集合学習形式がほとんどでした。学校と代わり映えのしない授業を塾でも繰り返しているだけで、

学校で落ちこぼれた生徒が今度は塾で落ちこぼれるということも珍しくなかったのです。

営業の効果はすぐに出始めました。折り込みチラシを使って販促活動を強化すると、さらに多くの入塾がありました。集客は順調で、わずか二年間で八教室まで拡大しました。

ところがある時、六つの教室の塾長が結託し、独立を直訴してきたのです。当然拒否すると、教室を勝手に別の場所に移して新しい看板を掲げ、教室ごと乗っ取ってしまいました。

営業手法や塾での指導法などのノウハウを教え込んでいたため、自分たちでもやれると考えたのでしょう。苦い経験でしたが、こうした経験が塾の直営から脱却する一つのきっかけになりました。ちょうどフランチャイズ（ＦＣ）経営が注目され始めた時期でもあり、ノウハウを盗まれるくらいなら対価をもらって提供しようと、直営に加えてＦＣの募集も開始しました。その結果、福岡県内に五十カ所のＦＣを展開するまでに至りました。

■人が人を教える難しさ

オリジナル教材を使った個別指導を売りに教室数を増やし続けた私たちは、次に講師の質を向上させようと考えました。講師を募集すると大学生を中心に約二千名が登録。その登録者に五科目のテストと面接を行い、約三百名程度に絞り込んで研修を行いました。先生が足りないというＦＣがあれば、研修を終えた登録者を派遣するようにしました。

集合指導から脱却し、徹底した個別指導によって他塾との差別化を進め、講師の質の向上を図ることによって、生徒たちの成績は伸びていくはずでした。

ところが、現実は思い通りにはいきませんでした。

結論から言うと、個別指導は生徒たちの「依頼心」を助長させてしまったのです。個別指導は他塾との差別化にはなったものの、きめ細やかさを追求すればするほど必要以上に手をかけることになり、生徒たちは講師を頼り、甘えるようになりました。その結果、講師と生徒の間に緊張感がなくなり、講師の指導・指示を無視して宿題すらやってこない生徒も出始めました。

講師の管理にも頭を悩ませました。個人指導を徹底させるためには一定数の講師が必要です。しかし月謝を抑えようと思えば、講師の人件費を抑えざるを得ません。その結果、大学生を中心にしたアルバイトに頼ることになりますが、アルバイトであるがゆえに責任感が不十分な者も多いのです。授業に穴を開けたり、学期の途中で辞めたりする講師が出ると、その対応に追われることになります。講師が代われば生徒や保護者からのクレームが出ることもあり、講師によって教え方や指導の質にもばらつきがあります。

もう一つ気になることがありました。アルバイト講師ではなく、私が直接教えても成績が伸びない子がいるのです。これまでの経験から生徒の成績を伸ばすことには絶対の自信があったにもかかわらず、どうしても結果が出ません。

そのうち、成績が伸びない子には一つの傾向があることがわかってきました。彼らはとても真面目で、話を聞いて頭では理解できています。しかし、理解したことを自分の中で消化し、それをアウトプットする訓練が不足しているためテストでは点が取れないのです。

それ以降、アウトプット学習の重要性を痛感し、「書いて覚えさせる」ことに力を入れました。算数であれば公式を覚えたあとに、類似問題を五問ほど解かせると、だいたい身に付きます。ただ、これを一人ずつやっていくことは手間がかかるうえ、アルバイト講師に徹底させることは至難の業でした。

こんな状態で全員の学力向上が果たせたかといえば、もちろん否です。「人が人を教える」ことは、人間がさまざまな環境、習慣、性格、感情などをベースに成り立っている以上、大変難しいということがわかりました。同時に、もっと効率よく確実に学習効果を高めるには、別の方法があるのではないかと思うようになったのです。

■逆転の発想①――人件費・賃料をかけない

試行錯誤が続く中、一九九三年にバブル経済がはじけ、社会情勢が急速に変化していきます。子どもの人口も団塊ジュニア世代の六割まで減り、学習塾市場は急速に縮小していきました。こうした環境変化に加えて、一クラス三人制の個別指導塾の展開というビジネスモデルにも限界を感じるようになりました。

塾経営の大きな分岐点を迎えたのです。

これまでの問題点を改めて洗い出してみました。まず大量の講師を抱えるがゆえに人件費が経営を圧迫していました。しかし、その割に生徒たちの成績は思うように伸びていません。また、毎月固定費として出ていく教室の賃料もあります。人件費と賃料、この二つの固定費を抑えながら塾を運営することはできないだろうか……。そう考えるようになりました。

その時に行き当たったのがコンピュータ学習でした。今まで私たちが作ってきたオリジナル教材をデータ化してパソコンで勉強できるようにすれば、講師が不要になって人件費が大幅に削減できます。さらに指導の質も均一化され、講師が隣にいなければ生徒の依頼心もなくなります。コンピュータを置くスペースさえあれば広い教室も不要で、自宅でも塾ができます。これなら賃料ゼロも実現でき、コンピュータソフトをオーナーに貸し出して、売り上げに応じてコミッション（手数料）をもらうビジネスモデルも成り立ちます。

八月になって、このコンピュータ学習塾のオーナーを募集したところ、現在取締役教育指導部長であり松陰塾総塾長を務める菅原光子が応募してきました。そこで早速、彼女の自宅にコンピュータを置いて塾を開きました。教室の賃料がかからない分、月謝は思い切って半額に下げました。

その上で半径一キロ以内に一万枚の折り込みチラシをまいたところ、一週間で十件以上の問い合わせがありました。折り込みチラシの反応がそれまで一万枚で一～二件程度であったことを考えると、驚くべき数字です。低額な月謝に加えて、コンピュータ学習という斬新さも手伝って、思いがけない生徒数を確保することができました。

こうして一クラス三名制の学習塾と並行する形で、コンピュータ学習塾のオーナーを募集していきました。学習システムはOEM（依頼元のブランドの製品を外部委託で作ること）で構築し、オーナーにはパソコンを貸し出して、学年・学科ごとの教材の入ったフロッピーディスクを購入してもらい、売り上げに応じたコミッションを頂戴しました。

「マイペースでできる」「自宅でできる」「素人でもできる」などのうたい文句が功を奏し、オーナーは順調に集まりました。そこで一九九四年四月、それまでの講師による個別指導塾から、コンピュータを用いた学習塾に全面転換しました。

■逆転の発想②――無機質なコンピュータの特性を生かす

学生講師の労務管理の呪縛から逃れることができ、ようやく経営に専念することができるようになった私は、コンピュータ学習塾による全国へのFC展開を積極的に進めました。

一九九七年になって学習システムをOEMから自社開発に切り替え、それまで作ってきたオリジナル教材を自社の学習システムに組み込んでいく作業を始めました。データ構築やプログラミングに一年かかりましたが、長年の経験を加味して作成・改良を重ねたオリジナル教材とコンピュータ学習システムが連動すれば、さらに学習効果が高まると確信していました。

コンピュータ学習というと、「しっかりとノートに書いてこそ英語も漢字も覚えられるものだ」「パソコンの画面を眺めただけでは身に付かない」といった声が聞こえてきそうですが、その通りです。理解した内容を完全に自分のものにするにはノート学習は不可欠であり、画面の文字を眺めるだけでは実力はつきません。後述しますが、私たちもノート学習は重視しています。

しかしコンピュータを使うメリットも、また多いのです。練習問題を解いていく中で間違った箇所は履歴に残るため、自分が苦手な箇所を把握できます。画像・動画・音声などを併用することで、五感を使って覚えることもできます。問題を出すのはコンピュータなので無駄話をすることもなく、講師との相性の良し悪しが発生することもありません。その結果、学習効率が大幅に上がるのです。

学習内容は大きく分けると「適語選択」「適語入力」「並び替え」に分かれます。それぞれの画面にデザイン性を追求し、楽しく学べるよう工夫を凝らし、格言やことわざなど教養や知性を修得できる「徳育」の要素も盛り込みました。長時間続けても飽きることなくリズムよく学べるよう、細部にわたって作り込んでいます。

このようにしてどこにも存在しない画期的な学習システムが完成し、今も進化を続けています。このシステムを使えば、教育指導の未経験者でも生徒たちの成績を伸ばすことができるのです。私たちが目指していた「全員の学力向上」に一歩近づいたと確信しています。

■逆転の発想③――教え込まない

しかしながら、中にはコンピュータ教材をうまく使いこなせず、生徒の成績を伸ばし切れないオーナーもいました。その背景を探ってみると、オーナーのコンピュータ学習に対する理解不足があることがわかってきました。

自立学習に慣れていない生徒たちが「わからない」と言ってきた時、本来であれば励ましながら、コンピュータ学習に取り組むよう背中を押してやるべきですが、つい自分が教えてしまう。あるいは、自分が用意したプリント問題を解かせる。特に学校の先生や塾講師など教育経験者は、コンピュータ学習に疑心暗鬼になりがちです。

「ショウイン式」の学習システムでは、指導者が生徒に教え込むことは逆効果です。両者の間にコンピュータという一切の感情を排除した装置を置き、そこを経由して学習させることが、このあと紹介する「自立学習」の第一歩なのです。

そうした理解がなく「コンピュータ学習といっても、単にテキストをパソコンの画面に映し出しているだけ」と考えてしまうと、「自ら学ぶ力を身に付けさせる」という原点にぶれが生じ、学力の向上は望めません。

生徒たちは教師を信じ、ロールモデル（お手本）として指導を受けたいと願っています。パソコンは教師ではありませんが、教師の分身としてティーチングを任せるという役割がある以上、教師がパソコン学習に絶対の信頼を置き、自らは「教え込まない」ことが何より大切なのです。

「自ら学ぶ」意志がなければ伸びない

私たちが三十九年間にわたる教育事業で経験し、学んだことを反映させて誕生した「ショウイン式」学習システム。その根幹には、「子どもが自ら学ぶという意志がない限り、劇的な学力の向上はない」という教訓があります。つまり講師が一方的に行う指導では「わかったつもり」になるだけで、知識の定着には至らないということです。そうした意味で「ショウイン式」の学習スタイルは、「人から習う」から「自ら学ぶ」への転換を実現したものと自負しています。

ただし自立学習とは、子どもが一人で勝手に学ぶ「自由学習」ではありません。ここを勘違いすると、ただの放置教育になってしまいます。特に小学校低学年の間は、鉛筆の持ち方、ノートの使い方、線の引き方、計算の仕方など基礎的な訓練を徹底する必要があります。勉強もスポーツと同じように型にはめて訓練することで、基本が身に付くのです。

こうした考えに基づき「ショウイン式」を導入した松陰塾は、自ら学ぶ習慣を身に付け、自立学習のやり方を修得することを最大の目的としています。

本物の自立学習とは

自立学習が身に付くように導くこと。それが私たちの本当の役割です。「自立」とは、「他の助けや支配なしに自分一人だけで物事を行うこと。依存・他責しない状態」のことですが、「ショウイン式」ではそこに三つの要素を加えました。

①より上を目指し進化すること
②人の役に立つ行動をすること
③目上の者を敬う謙虚さを持つこと

この三つの要素を満たした状態を、「ショウイン式」では自立した状態だと考えます。これらの能力が身に付くまで導き育てることが「ショウイン式」の目指す教育であり、この状態を土台にして学習能力のスキルを磨くことを目標としています。テストの点数を上げること、定期考査で高得点を取ること、入試に合格するために偏差値を上げることとは、その過程であって、最終目標ではないのです。自立学習能力が身に付けば、新しいことにチャレンジする時に自ら計画を立て、推理・想像・試行錯誤ができるようになります。そしてこの能力は、社会に出てからも大いに役立つものなのです。

〝教えるハラスメント〟はやめる

自立学習の最大の敵は、「講師への依存心」です。そのため「ショウイン式」

では「教えない」指導を徹底してきました。当初、この試みは一笑に付されました。ところが今や「教えない」教育は、少しずつ世界の常識になりつつあります。

大人たちは、「教えない指導で、本当に生徒たちは惑わずに学べるのだろうか」「勉強嫌いな子どもたちには勉強を面白くする工夫をして、手取り足取り熱心に教えなければ」と考えます。そう考える人たちは、もっと合理的に学ぶ方法があることを知らないだけなのです。

例えば、子どもたちは、「教えを受ける能力が十分ではない」と考えてみてはどうでしょうか。仮に超一流の経験豊富な講師が指導したとしたら、全ての子どもたちの学力が上がるでしょうか。私たちのこれまでの経験では、やさしく上手に教えてもらうほど、その講師を頼りにする気持ちが大きくなり、わからなければ講師のせいにします。それでは学力は伸びません。

「教えを受ける能力」が不十分な生徒に対して一方的に教え込むことは、講師の自己満足です。私たちはこれを将来、〝教えるハラスメント〟と呼ぶことになるでしょう。

特長① 「Ｓｈｏｗｉｎシステム」による自立学習

■「わかるの三大法則」

ここからは「ショウイン式」学習システムの特長を紹介していきます。

自立学習を指導の基礎に据える一方、個別指導歴三十九年の経験から、効率的に成績を伸ばすための三つの法則に辿り着きました。

①わかるところから始める
②わかるまで進ませない
③わかるまで繰り返す

この「わかるの三大法則」をベースに最適なプログラムに仕上げ、二十年以上の歳月をかけて制作したものがeラーニング教材「Ｓｈｏｗｉｎシステム」です。システムの具体的な機能は改めて紹介します。

「ショウイン式」では、まず「わかるところから」始めます。なぜなら、わかるところから始めると勉強が楽しくなるからです。子どもはパソコン上に出題された問題をノートに次々に書き写していきます。考えながら自分のノートを作ることで、頭の中に大切なことがしっかりと整理されていくのです。

わからないところは、うやむやのまま進ませません。正しい勉強の仕方で徹底的に基礎を鍛えることが、飛躍的な学力の向上につながるからです。

その上で、理解した内容を確かめるために多くの類題を解きます。するとパソコンが瞬時に答え合わせをしてくれます。「理解する→書いて覚える→考える→答えを導き出す」。この繰り返しは、「Ｓｈｏｗｉｎシステム」を使うことによって極めて効率的に、楽しく進めることができます。ゆるやかな階段から登り始め、基礎体力がつくと面白いようにグングンと伸びていく。この学習法を全国の松陰塾で実践し、成果を上げています。

「Ｓｈｏｗｉｎシステム」は文部科学省学習指導要領に準拠しており、小学一年生から中学三年生までの五教科に対応、練習問題は十二万件以上に上ります。学習のステップとしては「がくしゅうモード」「じゃくてんバスターモード」「テストモード」の三つがあります。

まずは「がくしゅうモード」でヒントや解説、資料映像などをチェックし、ノート学習を組み合わせながら学習を進めていきます。

「がくしゅうモード」で間違った問題に再チャレンジできるのが「じゃくてんバスターモード」で、間違った問題をわかるまで解き続けることで弱点克服につながります。

次の単元へ進んでよいかどうかを判断するための進級テストが「テストモー

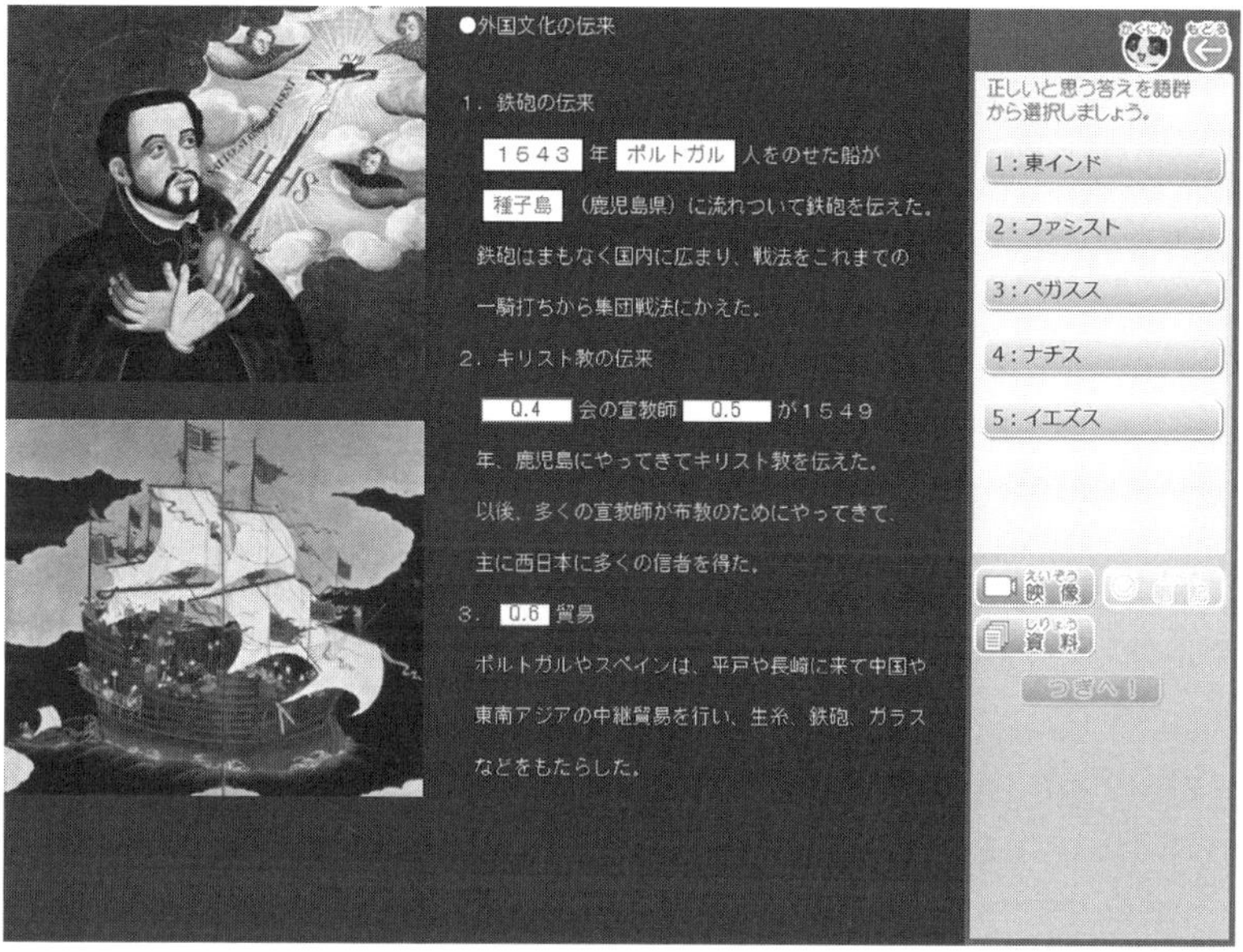

「がくしゅうモード」の画面

ド」です。これは「がくしゅうモード」で八十点以上取らなければ挑戦できません。さらに「テストモード」で八十点未満であれば、もう一度「がくしゅうモード」に戻ってやり直します。

　こうした〝サイクル学習〟を通して「わかるまで繰り返す」ことで、学力定着・向上を図ります。このサイクル学習をベースとする「Ｓｈｏｗｉｎシステム」には、以下のような機能が搭載されています。

■ステップアップ学習機能

できる分野はどんどん先に進め、できない分野はじっくり自分のペースで進める仕組みが「ステップアップ学習」機能です。学習内容を十〜二十のスモールステップに分け、低い階段を登る勉強法です。レベルごとの正答数をもとに、コンピュータが「進む」「もう一度」「戻る」を自動的にナビゲートします。一定の正答が得られれば次のレベルに進めますが、そうでなければレベルダウンし、もう一度前の単元に戻って学び直すことになります。

この仕組みによって生徒は、「わかった！」を実感できます。ステップアップ学習では常に自分の学力レベルに応じて学習を進めるため、確実に力が付いていくのです。

■弱点チェック機能

コンピュータは生徒の回答を自動的に記録しており、間違った箇所を〝弱点〟

として判断します。「じゃくてんバスターモード」で弱点箇所を即時復習でき、間違えた問題に繰り返し挑戦することで苦手意識を克服していきます。正解を出すまで次に進めない仕組みとなっているため、つまずきのもとをなくし、無理なく成績アップを目指せるのです。

■ランダム出題機能

算数・数学の計算問題では数値がランダムに変わって出題されます。確実に学習内容を理解するまで同類の問題が出題され、計算力と同時に文章読解力も飛躍的に向上します。

■ナビゲーション機能

「がくしゅうモード」では基礎的な問題を解かせ、理解度をチェックしていきます。正答できない場合には指定単元に戻るようにナビゲートするため、理解できていない単元をそのままにすることなく、基礎学力をより確実なものにしていきます。

■豊富な画像・動画・音声

「がくしゅうモード」では、単元に応じて分かりやすい画像や動画、音声が流れます。学習効果が高まりやすいタイミングで出現し、勉強への興味・関心を高めます。

■時間制限機能

一問ごとに解答の制限時間を設け、時間内に問題を解くテストのような緊張感の中で集中力を養います。日々の学習を通して「テスト対応力」を高めていきます。

無学年方式

全学年（小一から中三まで）、全教科（算数・数学、英語、理科、社会、国語）を制限なく学習できます。中学生でも小学生の基礎学習を復習でき、逆に小学生が中学生の先取り学習をすることが可能になっており、個別教育に必要な学習環境を提供しています。

アウトプット学習

読む、聞く、見るなど情報を受け取る「インプット学習」だけでは、その時は理解できても、完全に自分のものにすることはできません。そこで必要になってくるのが「アウトプット学習」です。これは、インプットした情報を外に出す学習のことで、「漢字や英単語を繰り返し書く」「練習問題を解く」などがこれに当たります。理解したことを〝自分のもの〟として外に出そうとする作業は、インプットした情報が定着していなければ難しいため、アウトプット学習は理解度の

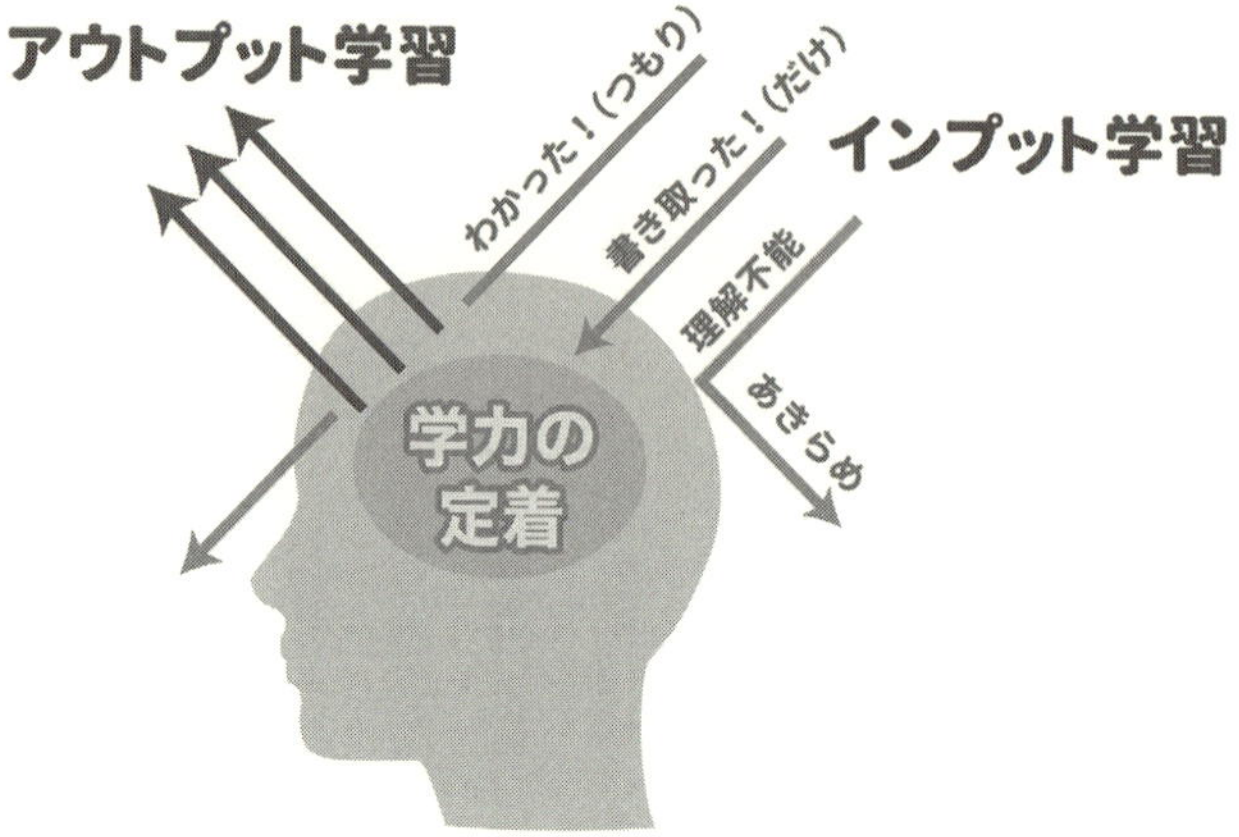

確認作業であると同時に、インプットされた情報が定着するという効果も期待できます。

かつて学習塾で指導していた時、学力がついていない子どもたちに不思議な共通点を発見しました。それは、鉛筆を握っていると自然にできる「ペンダコ」がないのです。彼らの勉強の仕方を見ていると教科書を読んで終わる、いわゆる「インプット学習」に終始しています。これでは、テストになると答えが出てこないのもうなずけます。

勉強はやはり書くことが基本です。暗記する力も、書いて、目で見て、口に出してこそ身に付くもの。集中力も思考力も、書くことによって養われるのです。

そのため「ショウイン式」では、アウトプット学習にも力を入れています。まず、子どもたちが楽しく書き込んでいけるような専用ノートを準備し、ノートの取り方を指導します。そうすることで、ノート学習を通して解き方をしっかりと理解できます。次にコンピュータに向かって理解したことをアウトプットし、コンピュータが正誤を瞬時に採点します。頭にインプットしたものをすぐにアウトプットする、この無機質なキャッチボールが、学習効果を最大限に引き上げてくれる秘訣なのです。

「ペンダコ」のない子どもは書くことを非常に嫌います。だからこそ、大切なところに色を付ける、丁寧に書くなどノートの楽しい取り方を指導しなければなりません。コンピュータ学習とは、単なるキーボードによる学習ではありません。鉛筆を使って書く勉強をするための道具としてコンピュータを位置付けることで、大きな効果を発揮するのです。

頂上までの階段があれば、歩くのが遅い子どもでも、じっくりと時間をかけると確実に頂上に立てる。「ショウイン式」のプログラム学習は、学力の差を時間の差に置き換えるシステムと言える

■プログラム学習

これまで見てきたような機能が相互に作用し、「ショウイン式」では、自分のペースで着実にレベルアップする仕組みになっています。

授業を山登りに置きかえてみましょう。山を登る時、どんどん先に登ってしまう子もいれば、ついていくのに必死な子もいます。その差は登るにつれて、開いていきます。先生はみんなの足を止めて後ろの子が追いつくのを待つことができません。なぜなら、カリキュラム通りに、この山を登り切らなければならないからです。そのため先生を見失った子は、途中で登ることを諦めてしまうでしょう。

もしこの山に、頂上までの階段があったらどうでしょう。それも、子どもたちが登りやすい、段差が低くてまっすぐな階段が。子どもたちは、先生がいなくても自分のペースで登っていけるでしょう。歩くのが遅くても、無理せず時間をかければ確実に頂上に立つことができるはずです。

学習単元を細分化し、徐々にレベルを上げていく「ショウイン式」のプログラム学習は、まさにふもとから頂上へと通じる一本の登りやすい階段なのです。

特長② 質の高いコーチング

この「Ｓｈｏｗ·ｉｎシステム」の開発によって、私たちは教育を「教」と「育」にわけて考えることができるようになりました。

的確なコーチングで生徒のやる気を引き出す（筑後松陰塾瀬高校）

すなわち、「教（＝ティーチング）」の分野は、コンピュータ学習システムが担当。ヒント・ポイントを示しながら、繰り返し演習問題を与え、それを自動採点・分析し、生徒の学習進捗を見守り続けます。クイズ形式による演習問題や豊富な動画・画像は、彼らを飽きさせません。楽しく集中して学ぶことで、自然に自立学習能力が身に付いていきます。さらに「アウトプット学習」に欠かせないノート学習の指示まで行ってくれます。

一方、人間の方は「育（＝コーチング）」の部分を担い、その指導に特化できるようになりました。自らの力で問題のハードルを乗り越えさせるため、生徒たちに質問されても答えは教えません。的確なヒントを与え、自ら答えを導き出す訓練を行います。また将来の夢、目標の設定などコーチングの手法で生徒たちのやる気を引き出す指導を行います。

こうした指導を行うため、松陰塾のオーナーは研修時に一般社団法人日本青少年育成協会の教育コーチ養成講座を受講しています。質の高いコーチングで生徒たちのやる気を引き出すことで、自立学習の習慣を身に付けさせ、「Ｓｈｏｗｉｎシステム」による学習効果を飛躍的に高めているのです。

特長③　子どもたちの心を育む徳育

松陰塾は、自立学習をベースとした松下村塾の指導方法を現代に引き継いだ塾です。しかし、引き継いだものは学習方法だけではありません。子どもたちの心の教育、即ち「徳育」にも力を入れているのが大きな特長です。

吉田松陰先生の言葉は、今もなお多くの人々の魂を揺さぶる力を持っています。その言葉を松陰塾で学んでいる生徒たちに届けるために「松陰塾門下生読本」としてまとめ、配布しています（詳細は第六章で紹介）。現代では使われない難しい言葉も入っていますが、現代訳を参考にしながら松陰先生の「志、至誠、学問への想い」を学ぶことができます。

これらを松陰塾塾生としての「心得」とし、公教育現場では学べない松陰塾ならではの徳育に取り組みたいと考えています。その結果、生徒たちが松陰塾門下生として互いに語り合い、助け合い、切磋琢磨し、人の役に立つ「志」を持った人に成長してくれることを願っています。

第二章

なぜ松陰塾の経営は成功するのか？

前章では、「ショウイン式」の学習システムの成り立ちと特長、子どもたちの成績を伸ばす秘訣について紹介しましたが、ここではなぜ松陰塾の運営がうまくいき、その結果として加盟校が増えているのか、経営面からご紹介します。

当社は、創業三十九年の運営ノウハウをもとに、学習システムを自社開発、運用しています。国内最大級の十二万問題を誇る自立・演習型のインターネット学習システムは、業界初の画期的な試みです。さらに日本青少年育成協会の「教育コーチング」を取り入れた最上級の教育システムを提供しています。

こうしたシステムをもとに、これから学習塾の開業を考えている方、すでに学習塾を経営されている方が真剣勝負できるステージを提供することが当社の使命です。

例えば、学習システムの開発を内製化し、無駄な広告宣伝費などをカットすることで、加盟校の初期費用を大幅に削減し、「ロイヤリティー0円」の仕組みを構築しました。こうした塾経営は「成り立たない」と業界関係者たちから一笑に付されましたが、全国の塾長に支えられて成長を続けているのが現実です。思い込みに縛られているのは馬鹿らしいということを、ぜひ皆様にも伝えたいのです。

成功の理由①　初期投資の大幅カット

■ロイヤリティー「0円」

学習塾のフランチャイズ経営では、高いロイヤリティーに苦しめられるケースも多く、トラブルや不満が多いことはご存じの通りです。当社は三十九年にわたる事業の中で学習塾経営の成功例、失敗例を熟知しているため、経営を苦しめるロイヤリティーは一切いただいていません。ランニングコストは、学習システム使用料、安心メール使用料や月謝回収代行システム（「e海舟」）の手数料のみです。学習システム使用料の中に、全てのメンテナンス費用、新規開発費用も含まれているので、常に最先端の学習システムで指導できます。

■講師人件費が不要

生徒たちは自立学習教材「Ｓｈｏｗｉｎシステム」で学習するため、授業を教える講師は必要ありません。講師による採点が必要な問題集やプリントなど紙の教材と違い、「Ｓｈｏｗｉｎシステム」では、「採点↓記録↓分析」もコンピュータが瞬時に行ってくれます。塾経営を悩ませてきた講師人件費を、完全にカットすることができるのです。

■高額な設備投資が不要

小スペースでも塾を開くことができる

従来の個別指導塾のような個別ブースや、集団指導塾のような学校形式の教室は必要ないため、教室にかかる設備投資を抑えることができ、スペース効率が高くなります。小スペースであれば、テナント費用も抑えることができます。もちろん机、椅子、パソコンなど本部からの強制販売は一切ありません（ただし、別途準備が必要）。

十五坪程度のスペースがあれば生徒五十名から百名の指導が可能です。仮に生徒数七十名、平均月謝二万円（税別）とすると、売り上げベースで二一〇〇万円、利益ベースで一八〇〇万円の実現も夢ではありません。

成功の理由② 手厚い開業・募集支援

■開業前のOJT研修、開業後のフォロー研修

開業前には、塾運営の最大のイベント「生徒募集」を成功に導くOJT（実務訓練）研修を行っています。初級研修はテレビ電話を活用した合理的な在宅受講。実践編である上級研修は当社にてベテラン指導員が懇切丁寧に指導します。

具体的には、お問い合わせの電話の応対から入塾の受け付けまでの流れを、OJTプログラムに沿って徹底指導。しっかりとスキルを身に付けてもらうことで、入塾率のアップにつながります。教務面では、「ショウイン式」による学習法など、創業以来培ってきたノウハウの全てを伝授します。当社の研修は塾業界でも

開業前のOJT研修

特に厳しいと言われますが、その分、研修で身に付けたスキルは自信となり、塾経営の成功につながるのです。
この研修で、保護者からの問い合わせへの対応、体験学習の対応とその後のクロージングのポイント、魅力ある入塾説明方法、テレビで活躍するタレントによるコミュニケーション術などを学び、保護者・生徒に安心して入塾いただける対応力を身に付けていただきます。
なお研修では、日本青少年育成協会の教育コーチ養成講座も受講してもらいます。勉強そのものを指導しない「ショウイン式」の経営者や塾長には、生徒のやる気を引き出す「コーチング」術が非常に重要になってくるからです。

■心強い経営保証システム

開校後は、生徒が二十名に達するまで本部が徹底サポートします。テレビ電話を利用したインターン研修を継続実施し、開校後の生徒募集・指導に関しても随時対応。きめ細やかなサポートを実施するため、生徒募集の不安を一人で抱え込む必要がありません。入塾クロージングスキル（入塾生獲得力）の養成、生徒募集や生徒指導に関する相談など、きめ細やかにフォローします。

■開業パッケージ提供で集客支援

開業に向けては募集活動を支援する「開業パッケージ」を提供しています。これは、B4サイズ生徒募集チラシ（十一万枚）、A4サイズリーフレット（五千枚）、ホームページ制作費などの広告宣伝ツールをパッケージにしたものです。

看板については、立派に作ることが大切です。教室の入っている建物が古くても真新しい看板が掛かっているだけでイメージが変わります。塾の自信が看板に表れるといっても過言ではありません。堂々と自信たっぷりに看板を設置すれば、保護者も安心して近づいてくるのです。塾は夕方から夜にかけての運営になるので、電照看板が必須です。入口を明るく照らす工夫も必要でしょう。大きな窓があれば、室内の明かりを透過する素材のカッティングシートを張るのもいいと思います。

看板のデザインは本部と相談の上、専門家に任せましょう。品格も大切な要素です。決して自作だけはしないこと。思いをゴチャゴチャ書き過ぎる下手な看板は塾のイメージを損なうことになるからです。

本部では、物件の外観写真を提出いただいた上で、看板のラフデザインも提供しています。

■チラシに必要な見栄えとアイデア

折り込みチラシは、二十年前なら一万枚配布で五名ほどの入塾が見込めました。しかし近年は一万枚で一名と言われています。インターネットの普及や生活環境の変化などもあって、新聞の定期購読をしていない家庭が増えています。チラシを大量に折り込みさえすれば、一定の効果があった時代は終わったと考えてもよいでしょう。だからこそ、塾の特色を大きく打ち出した、見栄えの良いチラシが必要です。松陰塾では、長年の経験とノウハウを生かした訴求力のあるチラシのテンプレートを用意しています。

校門前でのチラシ配りは生徒に直接手渡しできるため、保護者の目に触れる確率も高くなります。効率の良さはポスティングの比ではありません。しかしチラシだけでは見向きもしない生徒も多いです。そんな時は子どもが喜び、保護者も納得する「秘密のグッズ」をプラスしてみましょう。「捨てたらもったいない」

生徒募集チラシ

の心理は単純ですが効果絶大です。驚くほど、反応が良くなります。

■欠かせないインターネットの活用

今や販促活動に欠かせないのが、インターネットです。かつては電話帳からの問い合わせもありましたが、現在はホームページを見ての問い合わせが大半です。保護者、特に母親の問い合わせが九割であることを考えると、スマートフォン・携帯電話対応のホームページを準備しておくことは必須です。

ここ数年は、塾比較サイトからの問

い合わせも急増しています。『塾ナビ』（月間一〇三万ユニークアクセス）は無視できません。ただし、このような「比較サイト」では他塾との競合にさらされることになるため、有効活用のノウハウを知らなければなりません。松陰塾ではこうした状況を踏まえ、『塾ナビ』への初期登録料（十万円）を本部で負担しているほか、活用マニュアルを完備しています。

■加盟校のアイデアを共有

生徒や保護者間の口コミは大きな効果があるため、最大限利用すべきです。口コミを促進するツールは色々とあります。生徒の成績が上がれば自然と口コミが広がるというのは錯覚で、日ごろから生徒、保護者に向けた情報発信を行っていかなければなりません。

ある松陰塾加盟校から、一回のイベント（実費三千円程度）で七名の生徒を獲得したという報告がありました。生徒が動きやすい四月初旬のイベントでしたが、費用対効果は抜群です。これからはアイデア勝負。他塾でまだやっていないことを企画し、積極的に実施することが大切です。

松陰塾の直営校では、さまざまなアイデアを実践しています。効果のあったイベントについては全ての加盟校にノウハウを公開しているので、生徒募集に大いに活用してもらいたいと思います。

■ブランド訴求による支援

本部では、大手タレント事務所に所属する子役三名をイメージキャラクターに起用し、加盟校の集客を支援しています。さらに〝菅ママ〟の愛称で多くのメディアに露出している教育指導部長（松陰塾総塾長）の菅原光子がラジオの提供番組で、松陰塾ブランドを訴求しています。松陰塾加盟校オーナーに電話出演を依頼することもあるので、その時はぜひ協力してください。

このほか、ＲＫＢ毎日放送で松陰塾のテレビＣＭを放送しており、十五秒・三十秒・六十秒のインターネット用CM動画も加盟校に提供しています。

成功の理由③　効率的な教室運営の支援

■事務処理を効率化し生徒募集に注力

日頃の塾運営に関しても、業界最高水準の塾保険（無償）、月謝回収システム「e海舟」、安心メールサービス「アンドメール」、生徒管理システム、時間割システム、ショウイン式専用ノート、各種書類テンプレートなどを提供して支援しています。

松陰塾を開業後、問い合わせから体験学習へ進み、入塾につながったとします。その後は事務手続きへ進みますが、やはり肝心なのはお金に関する話です。

学習塾の場合、一般的には銀行や郵便局の「口座振替」を利用しますが、三枚複写の口座振替登録用紙が必要で、書き間違え対応や押印など、入塾処理を終えるまでに相当な労力を割かねばなりません。口座振替用紙を提出しても、登録完了までにかなりの時間を要してしまいます。

そこで松陰塾では、請求事務や管理業務の簡素化を目的に、みずほ銀行グループと共同開発した月謝一括回収サービス「e海舟」を利用しています。専用端末に引き落とし先のキャッシュカードを通すだけで口座振替登録が完了するため、確実な入金にもつながります。入塾手続きの労力も大幅にカットされ、保護者にも喜ばれています。

毎月の月謝請求は大切な業務ですが、生徒ごとに請求額が異なるため、個別に管理しようとすると煩雑な業務となります。経営者としてはなるべく事務処理は効率化し、その時間を生徒募集に注ぎたいというのが本音でしょう。

その点、「e海舟」を利用すれば、生徒の月謝請求は毎月一回、パソコンの管理画面で請求金額を設定するだけ。入金者、未入金者を画面上でチェックできるため、入金管理業務も大幅にカットできます。

■業界最高水準の塾保険も適用

「e海舟」を使って月謝を納入している生徒には、「塾保険」が自動適用されます。塾保険は、塾をとりまくさまざまな危険から塾経営者・生徒を守る保険で、大きく三つの状況で保証があります。

①塾経営者の賠償責任
・塾経営者が所有、使用、管理する塾の施設または設備に起因する偶発事故
・塾の業務遂行（生徒の指導、監督など）に起因する偶発事故
②生徒の賠償責任
（例1）生徒が、あやまって教室のパソコンを壊した
（例2）廊下でふざけていた生徒が、他の生徒に怪我をさせてしまった

（例3）生徒が教室でジュースをこぼし、隣の子の洋服を汚してしまった

③生徒の傷害

・塾の管理下での急激かつ偶発的な外来の事故

・塾との往復途上での急激かつ偶発的な外来の事故

こうした保険の存在は、入塾案内において保護者への安心材料にもなっています。

■生徒の管理も手軽に

「生徒管理システム」によって生徒の学習状況がチェックできるのも、松陰塾の強みの一つです。

オーナーや塾長は、「塾長日報」をインターネット管理ツールでつけることがルーティンの一つです。全国の加盟校がクラウド上でつながっており、各加盟校

の販促活動や塾運営などの様子が確認できます。本部からは定期的に成功パターンに基づいた指導が受けられます。

このようにクラウドを駆使することで、スーパーバイザーが教室を訪れて形式的に助言するだけとなっていた従来の運営指導を質的に超えることができました。スーパーバイザーの人件費もカットでき、塾を苦しめる高額なロイヤリティーを0円にする〝超フランチャイズ〟につながっています。

塾業界のさまざまな学習システムとその現状

■〝超フランチャイズ〟の時代が始まっている

学習塾にフランチャイズ（ＦＣ）制が取り入れられておよそ三十年。私自身、その草創期から携わって観察してきました。その上で結論を言います。

学習塾に従来型のフランチャイズ制は不向きです。

その理由は、①小売りなどの業態と違って、本部から提供されるのはそのほとんどがノウハウであり仕入れるものがないこと、②ブランド力が生徒募集には直接結び付かないこと、などが挙げられます。一度ノウハウを確立すれば、本部がなくてもやっていける。つまり、高いロイヤリティーを支払ってまで、本部にしがみつく必要がなくなるのです。

松陰塾は、こうした従来の学習塾FC制の問題点を解消しました。これまで述べてきたようにロイヤリティーも不要です。開校前の徹底した研修により、生徒募集のノウハウ、塾経営ノウハウ、充実した付加サービスを提供しています。開業後は、無料テレビ電話を使用して、本部常駐のベテランのスーパーバイザーがいつでも気軽に相談に応じる仕組みになっています。

■フランチャイジーは夢を描けるか

ここまでは松陰塾の話をしてきましたが、従来型のFC方式をとっている学習塾の現状を見てみましょう。

一般的なFC加盟の場合、一教室開校するのに一千万円から一五〇〇万円程度かかっているのが現状です。その内訳は加盟金、研修費用、テナント賃料、本部から強制購入させられる教室内備品、割高なチラシ代などです。その中でも大きいのが加盟金です。

加盟金の対価は、塾開業のノウハウとブランドの貸し出しというのが名目になっていますが、加盟金のほとんどは、塾開業者募集の広告宣伝費と営業代理店のコミッションになっていることをご存じでしょうか。

営業代理店は個人代理店がほとんどで、知識も少なく、無責任なコンサルティングをするケースも見受けられます。コミッションは成功報酬として支払われ、ベテラン営業マンには加盟金の三〇~五〇%を払っている本部もあるくらいです。

こうした状況であれば、「契約した途端に手のひらを返された」という報告も頷けます。加盟金は、ノウハウとブランドの貸し出しの対価であるべきはずです。しかし、契約書にサインさせるまでに相当なエネルギーを使うようなFCは、手練手管で加盟店を増やすノウハウばかりが豊富で、フランチャイジー（加盟校）に対する支援は期待できません。

それでもFC加盟を考えるのであれば、営業担当が責任のある正社員かどうか、あるいは本部と十分なコミュニケーションをとっているかを厳しくチェックするべきです。あなたの質問に対して曖昧な返事をするような営業担当者や本部であれば、多くは期待できないでしょう。

■ロイヤリティーの対価を吟味する

あの手この手で契約させた後にやってくるのは、塾経営をしたことのないスーパーバイザーです。机上の空論やマニュアル通りのアドバイスをしてくることも現実にあるようです。

スーパーバイザーは、オーナーから生徒の集まり具合などをヒアリングし、色々とアドバイスを行いますが、最終的には何の戦略もないまま画一的なチラシを大量配布させるのが常套手段です。支出する広告費用は年間で百万円を超えるケースもあり、その半分近くが本部の利益となっていることもあります。

ロイヤリティーの対価を吟味すること。固定型ロイヤリティー制の場合、本部は何もしてくれないと考えるべきです。また、変動型ロイヤリティーなら、生徒が増えると支払うのが馬鹿らしくなります。このほかにも毎月、訳のわからない出費を強いられる場合があります。これでは加盟校はたまったものではありません。たとえ生徒が集まっても損益分岐点が高くなり、利益が圧迫されます。結果、儲かるのは本部ばかりという仕組みはいかがなものでしょうか。

私はＦＣが悪いとは言いません。ただ、従来のシステムでは難しい時代になってきたと思っているからこそ、超ＦＣの仕組みを考えたのです。私のチャレンジを鼻で笑っていた人たちは、多くの加盟校を抱えている松陰塾の現状を見て目を丸くしています。

■個別指導塾の問題点

個別指導型の塾は進学塾というよりも補習塾としての位置付けであり、学力では平均点以下の子どもが集まりやすいものです。一人ひとりの子どもの弱点をピンポイントで指導できるため人気を博し、二十年ほど前から流行し始めました。今では多くの塾がこの方式を採用し、一対一から一対五の指導まで、さまざまなタイプが派生しています。

そんな個別指導も、フタを開けてみると実に多くの問題点を抱えています。

まず、常に求人、労務管理に悩まされます。多数の講師を集める必要があり、売り上げの五〇％以上を人件費として支払うことも覚悟しなければなりません。講師を確保するために交通の便が良い場所に塾を構えれば、賃料も当然高くなるでしょう。学生中心のアルバイト講師を起用しなければならない場合、本人都合での欠勤がよくあることも覚悟しておくべきです。

また、個別指導は受け身学習（インプット学習）になるため、反復学習がおろそかになり基礎学力を定着させることが難しくなります。家庭教師や個別指導塾で高額な学費をかけても子どもの学力が向上しないことに親が気付き始め、「個別」離れが始まっていることも事実なのです。

さらに個別指導塾は、学生講師と生徒の距離が近いために、なれ合いになり、厳しさに欠けることで学習意欲の減退につながることも指摘されています。

■PC学習塾の現状

こうした個別指導塾の欠点を補うべく、パソコンを利用した学習塾も増えてきました。その背景にはパソコンの普及や教育のＩＣＴ（情報通信技術）化の機運などがあります。

パソコンが講師役になれば、講師の労務管理から解放されます。人件費も抑えられ、指導方法も均一化されるので教育の質も問題ありません。データ化された詳細な学習履歴は保護者面談や指導に生かすことができます。まさに塾経営者にとっては合理的・理想的な経営スタイルです。ただし、この方式を採用したＦＣに加入して勝ち馬に乗った気でいると、思わぬ問題に足元をすくわれるので、やはり導入前には吟味が必要です。

まず、ほとんどのＦＣ本部が教材業者から学習システムを購入している事実があります。システム会社などからＯＥＭで購入し加盟校に卸しているので、加盟金が高くなるのは当たり前です。さらに本部にシステムの機能追加や設問の変更を陳情しても、外部業者によるＯＥＭ製品であるため柔軟に対応してもらうことは期待できません。「検討させていただきます」と対応され、そのまま放置されるのがオチです。

そのため、本部を選ぶ際には、使用している学習システムが自社開発か否か、小学生・中学生それぞれ五教科が揃っているかを確かめる必要があります。そうしたふるいにかけると、選択肢は少ないことがわかります。

また、パソコンによる学習指導のノウハウが蓄積されていないFC本部も多く見られます。指導理念が希薄なまま、パソコンを補助教材として利用したものの生徒のわがままに対応しきれず、結局アルバイトを使った個別指導に逆戻りという塾も数多く存在しています。

塾業界の新しい教育スタイルであるパソコンを活用した学習塾へのFC加盟を考えるのであれば、確固たる教育理念の上に具体的なノウハウがあり、研修システムが充実している本部と組むことが、勝ち組になる近道です。

■AI学習教材の登場

各社が教材づくりをスタートする中で、「ショウイン式」の学習システムを研究する企業も多いと聞いています。その教材開発において、今注目を集めているのがＡＩ（人工知能）を使った学習教材です。

ＡＩ学習教材とは、子どもの学習進捗や履歴を常に把握して、教師に代わって履修内容を指示し、ナビゲートするというものです。

当社もＡＩによる教材を開発し、順次提供を開始しています。このシステムを利用すれば、これまで塾長が行っていた学習進捗管理の業務が不要になり、子どもの学習進捗を個別に把握・指示するという業務から解放されます。また子どもたちも、自分の学力に合わせて「戻り学習」「先取り学習」が系統的に適宜指示されるため、とてもスムーズに学習ができるようになります。

ショウイン式のＡＩ教材は、世の中にあるＡＩ教材とは少し異なります。例えば、子どもたち一人ひとりの状況やスピード、目的に応じた学習方法をナビゲーションできるシステムとなっているほか、弱点箇所だけピンポイントで「戻り学習」をさせるのではなく、弱点箇所の前後をローラーで潰していくような仕組みになっています。

こうした独自のＡＩ教材ができるのも、これまでの実績に裏打ちされたノウハウを蓄積している当社だからこそ、と自負しています。

第四章

松陰塾の経営者たち

全国二一〇ヵ所（二〇一九年十月現在）に点在する松陰塾では、同志として集まった仲間が、それぞれの地域でオーナー（塾長）として塾の経営を行っています。いずれの塾も「ショウイン式」に沿った生徒募集・指導を行うことで活況を呈し、高い収益を上げています。

論より証拠。松陰塾本部が発行し、全国の加盟校に配布している『経営者通信』から一部を抜粋し、塾長たちの取り組みを紹介します。

ケース①「開校三カ月で生徒数六十名突破」

石原雄也（大牟田松陰塾東新町校ほか）

■子どもの精神状態を整える

塾を運営していく中で重要なことは、お客様（生徒、保護者）とのコミュニケーションです。

私が教室で生徒と話すのは行き帰りの挨拶と、勉強が終わった後のノートチェックの時くらい。授業中は基本的に生徒を見守るだけです。

ただし、勉強が終わった後は、システムとノートをしっかりチェックします。「ショウイン式」できちんと学習できている生徒は褒めます。この時に注意しているのが、その子の目を見てしっかりと話すこと。その時に子どもの反応を見れば、信頼関係があるのかないのかがよくわかります。子どもの精神状態を万全に整えてあげることが、私たちの一番の仕事です。それさえできていれば、勉強は必ずできるようになります。

保護者対応については、欠席や振替のメールが来たらすぐに返信します。とにかく後回しにしないこと。今やるべきことは今すぐやっています。「後でやります」は「もうやりません」と一緒です。

勉強に対して意識の高い保護者は、子どものノートも見ています。勉強に関するクレームもありますが、絶対にひるんではいけません。なぜなら、保護者の信頼を勝ち得るチャンスだからです。子どもは言われたことを第三者に伝えることが苦手で、中には歪曲して伝える子もいます。子どもが言ったことをそのまま鵜呑みにしてしまう保護者もいますので、日頃のコミュニケーションはとても大事です。

保護者からクレームがあった際に私が注意しているのは、保護者の怒りを全て出し切ってもらうことです。人間、怒っている時には何を言っても耳に入りませ

石原雄也氏

ん。保護者の言いたいことを全て聞き終えてから、プロとしての見解をお伝えするのです。プロとして必要な知識を備えておき、それを懇切丁寧にお伝えします。具体的には、近隣の高校・大学の偏差値や、どの程度の内申点・点数が必要かということなどを把握しておきます。塾長として、何を聞かれても答えられるようにしておくのです。

問い合わせにはスピードが命

塾に対する問い合わせがあった場合、何よりもスピードが大事です。問い合わせがあったらすぐに電話をかけ、電話に出なければご家庭まで資料を持って行きます。休日であろうが、他の仕事中であろうが関係ありません。電話がかかってきたらワンコールで元気よく出る。これは接客業をやる上で必要不可欠です。松陰塾は教える塾ではありませんし、教えるのが仕事でもありません。それよりも、人とのコミュニケーションを大事にすることで生徒が増えていくと感じています。

私はトイレに行く時でも必ず電話を持って行き、外出する時は必ず携帯電話に転送するように設定しています。社員にもこのルールを徹底させています。メールや電話が来たらすぐ対応できるように準備しておき、迅速に動くことが大切です。

家を訪問した場合も資料を投函するのは最終手段。まずはチャイムを鳴らして話をします。話すのは家族の誰でも大丈夫です。話す内容に決まりもありません。家に上がってお茶を出してもらうくらいの状況を作れたら、とても良いと思います。お客様に対して一歩踏み込む勇気を持つこと、恥ずかしさを捨てることが大切です。お客様は私たちのことを、次の日には忘れています。そういう考えを持っていれば、必ず行動につながります。

以前、体験授業にお越しいただいた方に話を聞くと、「『塾ナビ』（塾・予備校検索サイト）で資料請求をした中で一番早く資料が来たので、こちらに来ました」「三件問い合わせしたのですが、他の二件の資料がなかなか来ないので、こちらに来ました」などと言われました。お客様は、欲しいと思った情報は今すぐにでも欲しいのです。自分が客の立場になった時、そういう経験はありませんか？　常にお客様の立場に立って考えることがとても大切だと思います。

自分がされて気持ちの良いことをお客様にしてみて下さい。うまくいかないことがあっても、自分が変わるしかないのです。こうした考え方は、教室の運営にも役立ってきます。

ケース② 「教育未経験でも体験獲得率九割」

北川浩之（琉球松陰塾糸満校ほか）

■チラシからの新規獲得にこだわり、生徒数八十名突破

私が松陰塾に加盟し糸満校を開校して三年目になりました。一年目は四十名、二年目は六十名、そして三年目の今は八十名の生徒が通っています（二〇一八年十一月現在）。四十名を超えてからは、口コミや紹介による入塾が多くなりましたが、私は本部研修で習った「チラシ配布→問い合わせ→体験→入塾」という「新規での獲得」を忠実に守っています。絶えず新しい血を入れることが新しいルートでの口コミに繋がると考えており、生徒がある程度集まった今も広告予算に手抜きはしません。また、商圏から遠いエリアにも折り込みをするよう心掛けています。

北川浩之氏

嬉しいことに、生徒の成績も順調に伸びており、昨年度は難関高校にも多数合格させることができました。さらに中三で英検準一級に合格した生徒や、学年で一位や三位を取っている生徒など、優秀な生徒がたくさん育っています。

塾でやっていることといえば「ショウイン式」の徹底のみ。そしてテスト前に学校のワークをやるだけです。生徒の成績が伸びないからと、他の教材を入れたり生徒に勉強を教えたり小手先で解決しようとする前に、「教えない指導」＝「自立学習の徹底」を再確認すべきだと断言します。

■塾長は一流の営業マン

塾長は一流の営業マンとして、言葉遣いだけでなく身だしなみにも気をつけるべきだと思っています。見た目が全てではありませんが、ファーストコンタクトでは見た目がかなり重要です。服装を整えるだけでなく、日頃から食生活に気をつけ身体を鍛えることで、見た目の印象を変えることができます。

私は、毎日仕事前にジムへ行って身体を鍛えています（ベンチプレス九〇キロ達成！）。運動をしていて爽やかな塾長と、運動もせず不健康そうな塾長がいたとして、「一緒に頑張ろう！」と言われた場合、どちらに説得力があると思いますか？　私自身、運動で汗を流し始めてから、体験授業からの入塾率は一〇〇％です。

また当然のことですが、生徒と話した内容はすぐに保護者へメールやＬＩＮＥ

をするなど「報連相」を徹底しています。転塾してきた保護者の方々に話を聞く限り、このような対応ができていない学習塾は多いようなので、他塾と差をつけるチャンスなのです。

■単価アップは「四方よし」

経営者として私がこだわっていることが二つあります。

①「毎日、Ｓｋｙｐｅ（スカイプ）で朝礼をする」

②「客単価を上げる」

まず①については、西原校の砂川先生との朝礼を毎日三十分、テレビ電話のＳｋｙｐｅを通して行っています。内容は、問い合わせ状況や塾生の学習の様子についてなどですが、砂川先生からの一方的な報告ではなく、私自身も糸満校の塾長として砂川先生と情報を共有し、双方向のコミュニケーションをするように心がけています。お互いの状況をよく知ることで、協力し合うことができるからです。夏期講習の募集時期には、両校合わせて生徒数九十名を目標にしていましたが、結果一〇一名と目標を大幅に上回ることができました。一方的に目標を押し付けるのではなく、目標についてしっかりと話し合い、お互いに納得した上で取り組めたのが勝因だと思っています。

②については、客単価が上がらない原因は、安い月謝で生徒を獲得し、短い時間で成績を上げ、その口コミから生徒を増やそうとする戦略のせいではないでしょうか？　これは塾経営の戦略として全く良いものではありません。「学習時間が短い→成績が上がらない→生徒も保護者もモチベーションが上がらない→そのうち退塾」という負のスパイラルに陥るからです。

理想は「塾でしっかり学習する→成績が上がる→生徒も保護者も嬉しい→自分も嬉しい→松陰塾のブランド価値が上がり、松陰塾全体で嬉しい」という「四方よし」です。保護者面談時に「月謝は上がるが塾でしっかり学習してほしい」旨をお伝えすると、ほぼ全ての保護者の方に了承いただけます。保護者にとっては、月謝の安さより、成績が上がることの方が重要だからです。「四方よし」を実行するために、勇気を出して単価アップに取り組むべきなのです。

■本部研修で自信

私はこれまで教師や塾講師の経験はありません。しかし、こんな私でも体験授業からの獲得率が九割を超える松陰塾塾長になることができました。本部研修で習ったことを確実に実行し、「新規獲得→口コミからの集客」というサイクルをつくり、松陰塾のファンをつくることができているからだと思っています。

塾を運営していく中で何よりの喜びは、自分の想像以上に生徒や保護者が感謝してくれることです。保護者からお礼のメールをいただいた時や、成績が上がった生徒の嬉しそうな顔を見た時、卒業生が遊びに来てくれた時、中学卒業後に「高校進学後もここに通いたい！」と言ってもらえた時などは本当に嬉しく、他では得ることのできないやりがいを感じ、毎日が充実しています。

とはいえ、今の生徒数や経営する教室数にはまだまだ満足していません。先に開校された先輩方に追いつけるよう、今まで以上に頑張っていきたいと思います。

ケース③「生徒が百人いても一人で回せる」

山本卓也（筑後松陰塾瀬高校）

■授業が始まると「暇」に

子どもたちに好き放題させるのが自立学習ではないと考えています。

子どもたちは塾に来ると、私からその日にやることを聞いて授業をスタートします。この指示をしっかり出してあげること（強制学習）で、子どもたちは自然と「自立学習」ができるようになります。実際、数カ月すると自分で授業の進み具合を見ながら、私の指示がなくても計画を立てて自立学習を進めている子どももいます。

山本卓也氏

子どもたちが勉強を始めると私は「暇」です。それは教室内で学習している子どもが一人であろうと二十人であろうと変わりません。この「暇」な時間を利用して、自分の勉強を終えて帰ろうとしている子どもたちとおしゃべりタイム。子どもたちは大人と「話したい」のです。勉強の話、学校の話、家庭での話、時には恋愛についても……この機会を利用して礼儀や作法、親への感謝、人を思いやる心などを伝えていきます。

同時に小さなことでもオーバーに褒

めるようにしています。褒められて伸びない子どもなんていません。情報通信技術（ＩＣＴ）がどんなに発達したとしても、そうしたことを「機械」が担うことは不可能です。私が子どもたちに指導するのは勉強ではなく、心の部分なのです。

■「学力向上は教材次第」ではない

この春、国立の附属中学校や、県内トップクラスの私立、公立高校をはじめ、多くの子どもたちが「ショウイン式」で合格しました。この結果を見ても、「ショウイン式」は間違っていないと実感しています。実際に私の塾で自立学習を身に付け、学年一位になった子や数学が三十点台から九十点台まで上がった子もいます。成績の上がらない子がいたら、もう一度その子と向き合い、「ショウイン式」のルールに沿って学んでいるかを見直しています。意欲のない子がいたら夢のある話をすることもあります。

成績が上がらないと教材のせいにする人もいますが、それはナンセンスだと思います。まずは「ショウイン式」で、自ら学ぶようになる姿勢をつくることが大事です。その姿勢ができると、言わなくてもどんどん自分から勉強をするようになります。これが学力を伸ばす一番の近道なのです。

どんなに素晴らしい教材を渡したとしても、子どもたち自身に勉強に向かう姿勢がなければ、大人たちから「攻撃」されているようにしか感じません。

■一をとるか、十をとるか

私の方針として、授業中注意をしても騒ぐ生徒には塾を辞めてもらっています。少しかわいそうに思われるかもしれませんが、そうした生徒が一人いると周りで静かに勉強している十人の生徒に迷惑が掛かり、場合によっては勉強に集中できないといって全員が辞める可能性もあります。

オーナー・塾長としては経営を考え、利益を追求する必要があります。そこで大事なことは、現状を把握すること。生徒が集まらなければ経営は成り立ちません。少ない生徒数で満足しているといずれ0人になる可能性もあります。入塾体験の際には、一人入塾すれば年間約三十万円の利益があがると考えて、つかんだものは離さない気持ちで案内をしています。

生徒がたくさんいても広告活動は欠かしません。定期的なチラシの折り込み、ポスティング、校門前配布などを通して、地域の方々に「お住いの地域に松陰塾があります！」ということを知ってもらうようにしています。私は教育のプロであるという意識を常に持つようにしています。しっかりと自信のある様子を生徒や保護者の方々に見ていただくことで安心感につなげています。

■二十四歳で始めた松陰塾

私が松陰塾のオーナーを始めたのは二十四歳の時です。大学時代より起業を考え、二十四歳の時にこの「ショウイン式」と出会いました。

最初は本当にできるのか、と不安になる部分もありましたが、分からないこと、困ったことがあれば直接本部に聞き、フォローやアドバイスをいただくようにしています。おかげさまで現在も順調に経営を進めることができており、生徒が百人いても一人で回せるということを体感しています。

今後は法人化と多店舗展開を目指しており、まずは十教室を目標としています。多くの地域で、吉田松陰先生の正しい教えを現代の子どもたちに伝える「松陰塾」を広めていきたいと考えています。私自身も吉田松陰先生の教えを日々学ぶ心を忘れずにいます。

ケース④「入塾者の七割が紹介」

河合巨樹（羽島松陰塾正木校）

■別のＦＣ塾から転身

私は以前、ある学習塾のフランチャイジーとして塾を運営していましたが、アルバイト講師の募集やシフト管理、講師育成に悩まされてきました。さらに生徒たちの時間割を作る際、担当講師の割付や座席管理も行わなければならず、かなりの時間をそこに費やしていました。

本来であれば、生徒たちの成績を上げていくための学習プランづくりなどに時間を充てたかったのですが思うように行かず、次第に運営方法に限界を感じるようになっていました。また、一人の講師が数名を担当する形態をとっていたため授業料も高額になり、その割には成績が伸びず、塾をやめていく塾生たちも後を

河合巨樹氏

絶ちませんでした。

そんな時に松陰塾と出会い、「ショウイン式」の理念に共感し、すぐ資料請求を行いました。

■保護者には細かな報告を徹底

「ショウイン式」の学習を進めて行く中で一番変化が表れるのは、算数や数学のテスト結果です。平均して二十～三十点ぐらい成績が上がり、中には五十点以上も上がる生徒がいます。また、「ショウイン式」ではシステム上、できない単元は進むことができず、繰り返し類似問題を解いていくため、計算スピードが格段に上がってきます。

保護者様はテスト結果ばかりに目がいってしまい

がちですが、こうした子どもたちの変化を事細かくお伝えすることが大切だと思っています。定期的な面談や、ご多忙で面談に来られない方にはメールなどでお伝えしています。

このように信頼関係を築くことを日々積み重ねてきた甲斐もあってか、今では入塾者の七割が紹介で、紹介でなくても「知人から松陰塾さんが良いと聞いたので」とおっしゃっていただけるようになりました。また、提携している『塾ナビ』に口コミを書いていただいたこともあり、『塾ナビ』からの問い合わせも多いと感じています。紹介で入塾が増えていけば、広告宣伝費は最小限で済みます。開業当初から口コミを増やすことを意識していましたので、とても嬉しい結果が出ています。

■「通い放題コース」を推奨

当塾の場合、ほとんどの生徒が「通い放題コース」を選択しています。保護者様からは、「講師が隣につく個別指導塾の場合は、高額な授業料にもかかわらず週一、二回・二教科までの指導というところが多いが、松陰塾は同じ程度の金額で通い放題のうえ、五教科見てもらえる」と喜ばれています。最初は「毎日通うの？」と言う子どもたちもいますが、いつのまにか習慣化し、塾に行くのが当たり前という感覚になるようです。

成績を上げていくためには演習量が必須です。自宅では学習できない子どもたちを当塾で引き受けることを、入塾時にしっかりと保護者様に伝えています。そうすると、初めは週二回からと考えていた方もやはり「通い放題コース」を選びます。もちろん、通うのは子どもたちなので、子どもたちにもはっきりと「通い放題」にする意味を伝えます。

人間は楽をしたがる生き物ですし、ましてや勉強となると、少ない回数でと考えがちです。そうすると、後から「通い放題」に変更すると約束していても週二回のままとなり、成績もさほど上がらず、退塾につながりかねませんので、必ず

「通い放題」をお勧めします。

■子どもたちを褒める

日々の指導にあたって心がけていることは、「ショウイン式」を素直に遂行することです。それだけで十分な学習成果が得られます。成果が出ないのは、生徒が正しく「ショウイン式」に取り組んでいなかったり、勉強のやり方が間違っていたりするからです。私の役目はそれを修正すること、そして生徒たちに目標達成までのプランを示してあげることだと思っています。

そのためには、ただ機械的にコミュニケーションをとるのではなく、生徒たちが困った時や迷った時に相談しようと思えるような関係性を構築することが必要です。保護者様にも気になったことがあればすぐに報告し、保護者面談がさらに有意義なものになるよう心がけています。

当塾で一つ成功している施策をご紹介します。それは「ご褒美制度」です。好きなことを頑張るのは当たり前ですが、そうでないことを頑張るのは精神的に苦痛です。しかも子どもたちは勉強するのが当たり前だと思われているため、ちょっと頑張ったくらいでは褒められることはありません。

ですが、子どもが成長していく上では、褒められること＝小さな成功体験の積み重ねが必要です。そこで当塾では小さなことでも大げさに褒めるようにしています。特に小学生はやる気の変化が激しいので、こうした工夫が必要だと痛感します。その一環として当塾で取り入れているのが、「ガチャガチャ」です。授業に集中して取り組めば、授業後にガチャガチャを回すことができ、出た数によってお菓子をプレゼントしています。「ご褒美を楽しみに毎日通っている」と報告してくれる保護者様も少なくありません。中学生になってもガチャガチャを楽しみにしている生徒もいます。

■自分自身にも余裕が

生徒たちの成績向上はもちろん嬉しいことですが、卒塾しても大学合格の報告で連絡をくれたり、新規の方を紹介してくれたりすると本当に嬉しく思います。保護者様から「塾へ楽しく行っている」「毎日行くことを嫌がらない」「以前の塾では全然変わらなかったテスト結果が松陰塾に通って良くなった」「自宅での勉強に対する取り組み方が変わった」などお褒めのお言葉をいただいた時は、この上ない喜びです。以前のように仕事に追われることもなく、時間に余裕もでき、休みも増えたことで自分自身にも余裕が出来ました。

私は社会貢献をするという目標の他に、生徒たちにカッコイイ大人の見本となることを目標にしています。昨今、目標を持たない若者が増えていますが、身近に目標となる大人がいれば少しは違ってくると思います。また、見本になるという意識を持つことで自分自身を律することにもなり、仕事も趣味も全力で楽しみながら取り組んでいます。

いかがでしょうか。経営者としての理念や、細かな運営の工夫などはそれぞれですが、「ショウイン式」に沿った運営を行うことで、生徒の成績が伸び、それが口コミによる入塾につながり、生徒や保護者に喜ばれることでオーナー自身も達成感を感じていることがわかっていただけたと思います。

*

ただ、うまくいっている教室ばかりではありません。次の章では、うまくいかないケースを紹介しますので、今後の経営の参考にしていただければと思います。

第五章

こんな塾経営者は失敗する

私はこれまで、多くの塾経営者たちに会ってきました。松陰塾の門を叩く塾経営者たちの大半は熱心で情熱に溢れ、順調に収益を伸ばしています。

しかし、なかには経営がうまくいかない塾があるのも事実です。そういう塾を見ているうちに、うまくいかない塾経営者には、ある共通点があることに気づきました。このことは塾の経営にとどまらず、他の業種・業界にも当てはまるように思います。

この章では、その共通点について述べたいと思いますので、今後の経営の参考にしていただけると幸いです。

サービス精神がない

塾は、柔軟性に欠け融通の利かない学校に代わって、集合学習になじまない子どもたちに学びの場を提供する「教育サービス」です。つまり、サービス精神のない塾は潰れるのです。

あなたがもし教育経験者なら、今すぐ気を引き締めてほしいと思います。塾は勉強を教える場所と勘違いしている人がとても多いからです。一生懸命に教えさえすれば、成績は伸びる、入試の合格率が良ければ、評判が良くなり黙っていても塾生が集まる、という妄想を膨らませています。残念ながら、ふた昔前の考え方です。

まず教師が一生懸命に教えることは、自己満足に過ぎないのではないかと疑ってみましょう。塾に求められているサービスとは、子どもの自立学習能力を引き出す合理的なトレーニングプログラムです。プロスポーツの世界にたとえればわかりやすいと思います。コーチ陣の徹底したデータ分析による科学的トレーニングや戦略・戦術の組み立て、専門家による栄養管理などが選手のポテンシャルを引き上げます。私がアスリートなら、そんなジムの門を叩きたいと思います。

塾も同じです。理解と暗記を繰り返す作業を徹底させるコーチ役になれる人。子どもを励まし、応援し、時にはアドバイスを与えられる人が求められています。

先入観や我流にとらわれている

学校教育の不足点を補完するのが塾の役割です。学校と同じやり方を踏襲するような人は、そもそも塾では求められていないのです。

「塾とは講師が授業を行い、生徒はそれを受講して学ぶもの」
「授業で習ってもいないことを、生徒はわかるはずがない」

こうした先入観を今すぐ捨て去らなければ、あなたはムダな時間を過ごすことになります。教師や塾講師の経験がある方ほど、この先入観を捨てきれずに失敗・挫折していく姿を数多く見てきました。教壇に立つ憧れや、教える高揚感に酔ってはいけません。私たちが考える講師役とは、タレントでもスターでもなく、「ショウイン式」のプロです。生徒が主役であり、講師は黒子あるいは応援団と心得ることが必要です。

学校で勉強について行けず、個別指導塾でもだめで、家庭教師をつけても学力が上がらない子どもたちに同じ失敗を繰り返させてはなりません。これを解決するには、「自ら学ぶ」方法を身に付けさせる以外に道はないのです。しかし、我流の自立学習法を授けるのもよくありません。あなたが思いつく程度のことは、今もって進化中の「ショウイン式」の三十年以上の歴史の中ですでに試されています。せっかく貴重なお金を支払って加盟したのに、我流を貫いて三十年以上遅れる塾になるのはもったいないでしょう。

自己流・我流は捨てることです。

志・理念がない

塾開業のハードルは驚くほど低いと言えます。資格や国の許認可は不要で、初期投資も他業種と比べて少なく、特殊な技能もいりません。そのため「とにかく、お金儲けできればいい」という方も参入してきます。しかし、そういう考え方では成功できません。

繁栄塾を目指すのであれば、「志」を具体化した教育理念、さらには経営理念も真剣に考えてほしいのです。これがないと人の心は動かせないからです。

塾は教育サービスであると言いましたが、子どもの塾を決める決定権者の母親（残念ながら父親ではありません）に対して自信を持って語れる教育への想いや教育理念があれば、必ず入塾していただけます。そればかりか、ファンになってご近所に無料で宣伝までしていただけるのです。

フランチャイズ（ＦＣ）加盟を考えているのであれば、契約前に本部を訪れてみることを強くお勧めします。志や理念があるかどうかは、トップの人柄や考え方、従業員の姿勢を通して見えてきます。大手であっても、知名度があっても、理念なき本部だと感じたら、今すぐその場を去りましょう。それが志ある者の態度です。

教材を信じきれない

熟慮の上で加盟したＦＣであれば、本部からのアドバイスを十分に取り入れ、実行していく素直さを持ちましょう。自分は経営者になったのだからといって、過去の経験を妄信し独りよがりになってはいけません。本部のアドバイスを無視したり、対抗意識を持ったりして経営している塾が繁盛しているという話は、今まで一度も聞いたことがありません。

「ショウイン式」の場合で言えば、例えば生徒がパソコン上の問題画面を見ていて、たまたまあなたも見ていたとしましょう。あなたはその時、誤字を発見してしまいました。生徒は気付いていないようです。あなたは、どのような対応をすればよいのでしょうか？

やさしい人や正義感の強い人なら、「生徒が気付かずに誤字のまま覚えてしまっては大変。今すぐ指摘しておかねば！」と、すぐ生徒に誤字を伝えるかもしれません。「なんて使えない教材だ！」と、生徒と一緒になって怒り出す人もいるでしょう。しかし、どれも塾経営者としては不合格。「見ていないことにする」のが正解です。

生徒が先に気付いた場合は、「よく発見できたね。さすが。誤字はすぐに本部に指摘して直してもらうね」と生徒を褒め、後から松陰塾全体のために報告しておけばよいのです。

生徒たちは講師を信じ、尊敬し、ロールモデル（お手本）として指導を受けたいと頼っています。その尊敬の対象者が、「この教材はダメだ」と言った瞬間に、生徒たちも「そうだそうだ！」と思うものです。たった一度の教材批判もしてはいけません。塾やあなたへの信頼が崩れ始めます。疑いや不安は生徒たちの勉強をしない口実となり、その生徒たちが退塾すれば悪い噂が広まります。その時、代償の大きさを感じても遅いのです。

普段三十点、四十点しか取れない生徒が、教材を信じて徹底して繰り返し学ぶことで、八十点以上の得点が取れるようになるのです。生徒たちが逃げたり勉強をしなくなったりするような、いかなる理由も作ってはなりません。

講師は教材を信じ抜くこと。その姿勢が生徒たちに伝わることで、逃げ道のない、安心して学べる教材として認知されるのです。「ショウイン式」の自立型教材は世界一の教材です。二十年以上にわたって、数多くの子どもたちの学力を上げています。

疑う余地はありません。何よりも信じ抜くこと。それでも生徒たちの学力の向上がないようなら、経営者の「使い方」や「伝え方」が正しくないのです。すぐさま再研修を受けることです。その向上心があれば、あなたの塾の成功は間違いありません。そうやって多くの子どもたちを育て上げ、慕われている講師が松陰塾にはたくさんいます。

「素直な心が持てない」

松下電器創業者の松下幸之助氏は、「素直な心」について次のように言っています。

「素直な心というものは、よいものはよいと認識し、価値あるものはその価値を正しく認めることのできる心である」と。

経営者たるもの、この「素直な心」を軽視しないでいただきたいと思います。

「いらぬ世話だ。自分の過去の経験を生かしてやりたい」といった反抗的な態度をとる人、「表面上は従っておいて、ウラでは自分の思う通りやろう」などと考える人は、考えの浅さに気付かなければいけません。

大手学習塾チェーンですら、私たちのパソコン教材の真似を始めています。自然界でもビジネス界でも進化なきものは淘汰されるのです。「ショウイン式」では学習指導法、システム開発、教材の内容、生徒募集方法、月謝の集金方法なども常に進化させ、業界をリードし続けています。本部が進化している中で、自分の殻に閉じこもって停滞することほど無駄なことはないのです。

失敗する教室は、恐ろしいほど同じ道を辿ります。「教えない」指導を守らず「教える」教室。チラシや看板を好き勝手に制作する教室。他のデジタル教材をウラで導入する教室……。申し訳ないのですが、一個人が考えることは私たちが過去に全て試し、うまくいかないものは排除してきました。皆さんには、成功法則しか提供していません。そのために加盟金をいただいているのです。

全ての加盟校の成功を誰よりも願い、走り続けているのが本部です。私たちは三十九年間、一筋に教育を考え抜き試行錯誤で作り上げた「ショウイン式」を全国に広げ、延べ数万人の子どもたちを指導してきました。この成功体験は疑っても仕方がないのです。

苦労からは苦労しか生まれません。幸せは、幸せの心から生まれます。「ショウイン式」を素直な心で信じ込み、本部も加盟校もお互い感謝の気持ちを持って前に進んでいきたいものです。

他人のせいにする

うまくいかないことを自己反省せずに、全て他人のせいにする人がいます。自己反省が上手にできない人は、いつまでも自己を改められませんから、また同じ失敗を繰り返すことになります。他人のせいにし始めたら、危険水域にいることを自覚してください。特に経営に黄色信号がともっている時は、他人のせいにしている場合ではありません。全身全霊をかけて、事態を好転させなければ廃業となります。

まずは、失敗の原因は全て自分にあると認めること。これを認める勇気が足りない人が多いのです。「失敗は成功のもと」と言いますが、勇気がない人は失敗の根っこをどんどん太らせています。何事も自分が正しく、人が間違っていると考えるようになると全ての人を敵にまわすことになり、八方ふさがりになります。お金は「あなたの味方である人」が運んで来るものですから、お金があなたのもとにやって来ることはないでしょう。本部の助言にもう一度耳を傾け、厳しくも気持ちの込もった指摘を受け止めましょう。

この世の中は全て原因と結果でできています。良い種をまけば良い結果が出るし、種をまかなければ何も収穫できません。あなたに起こることの成功も失敗も、全て自分が原因を作っていることを理解できた時、あなたはすでに成功への道を歩き出しているのです。

人のせいにする癖を直しましょう。今から魅力的な人になると誓いましょう。人との付き合い方、ものの言い方などを改め、常に反省して工夫し、最大限に知恵を働かせることが必要なのです。成績が伸びないのを人のせいにする子どもがあなたの塾に来た時、そんな子どもたちを正しく導いてあげられるよう、あなた自身が成長してほしいと思います。

第六章

松陰塾が目指す「自立」と「徳育」

次の時代に必要な「徳育」

松陰塾は、その名が示す通り「現代に蘇る松下村塾」を目指す学習塾として、全国に二一〇校を展開しています（二〇一九年十月現在）。

私たちは、常に次の時代を見据えて行動することを大切にしており、子どもたちの学びに何が必要なのかを考え続けています。例えば、学習塾業界ではタブレット学習などデジタル化が進んでいますが、私たちはその黎明期から研究に取り組み、業界をリードしてきました。そのため、デジタル環境を効果的に、正しく活用するノウハウが蓄積されており、子どもたちはメキメキと実力を伸ばしています。

では、次の時代に必要となることは何でしょうか？
私たちは「徳育」であると考えています。テストの点数だけを追い求めていては、国際競争にさらされる子どもたちに必要なマインドを育てることはできません。主体的に考え、行動するマインドを育てることこそ、業界に先駆けて行う新しいテーマだと確信しています。

「松陰塾門下生読本」

古くから「徳育」を掲げる塾はありますが、具体的なものはなかなか見当たりません。松陰塾は具体的な行動を起こしていきます。

二〇一八年、松陰塾は、萩・松陰神社の境内に現存する世界遺産「松下村塾」横の「学びの道」の整備に協力し、吉田松陰先生の語録を掲示した二十五基の碑を設置しました。また、「学びの道」と連動して、松陰先生の語録を掲載した「松陰塾門下生読本」を制作し、松陰塾の生徒たちに配布しました。生徒たちからは、「こんな意味だったのか！」「いい言葉だ！」「もっと知りたい！」など、さまざまな反応が返ってきています。

この読本に収録された二十五の語録の中から、全国の松陰塾の生徒たちに好きな言葉を選んでもらい、その選定理由を述べてもらいました。その一部を紹介します。残念ながら紙面の都合もあり全ては掲載できませんが、「自ら考える子どもたち」の声を感じていただければ幸いです。

塾生が選んだ松陰先生の言葉

【塾生が選んだ松陰先生の言葉①】

心はもと活きたり、活きたるものには必ず機あり、機なるものは触《しょく》に従ひて発し、感に遇《あ》ひて動く。

（嘉永三〔一八五〇〕年九月、吉田松陰二十一歳）

［意味］心というものはもともと生き物である。生きているものには必ず活動するきっかけがある。機というものは何かに触れることによって活動を始め、感動することによって働くものである。

［塾生たちの声］

●「生きているものには必ず活動するきっかけがある」という意味を知り、僕たちには必ず役目があることを意識して将来のことを考えることをこれから目的にしたい。

（北九州松陰塾・中嶋くん／中三）

●「心はもとは生き物である」という考えがおもしろいと思った。

（岩手松陰塾鬼柳校・高橋さん／小六）

【塾生が選んだ松陰先生の言葉②】

時に及んでまさに努力すべし、青年の志を空《むな》しうするなかれ。

（嘉永五〔一八五二〕年二月五日、吉田松陰二十三歳、『東北遊日記』より）

〔意味〕好機に巡り合った時には、しっかり努力しなさい。好機を逃して青年としての若き志を無駄なものとしてはいけない。

〔塾生たちの声〕

●今勉強できる環境があることに感謝して、この好機を逃さず行動にうつしたいと思いました。

（松陰塾和白丘校・鶴さん／中二）

●この言葉を読んで、私もチャンスをのがさず努力をし続けたいと思いました。

（松陰塾久保田校・梅﨑さん／小六）

●この言葉からは、一分一秒を大切にし、しっかり若い時に勉強した方がいいという強い思いを感じました。

（松陰塾神戸伊川谷校・村瀬くん／小六）

【塾生が選んだ松陰先生の言葉③】

勢《いきおい》振《ふる》はば天下に強敵なく、気旺《さかん》ならば天下に難事なし。

（安政元〔一八五四〕年冬、吉田松陰二十五歳、金子重之助あて）

［意味］意気込みが盛んであれば、この世界も手ごわい敵はなく、気持ちが意気盛んであれば、この世界に難しいことはない。

［塾生たちの声］

●あきらめずに強い気持ちをもって行動することの大切さを知ることができた。

（羽島松陰塾正木校・野垣さん／小六）

●とても勇気がもらえる言葉だと思った。
（松陰塾泉もえぎ台校・赤川さん／中三）

【塾生が選んだ松陰先生の言葉④】

松下陋村《しょうかろうそん》と雖《いえど》も、誓って神国の幹とならん。

（安政五〔一八五八〕年十二月、吉田松陰二十九歳）

［意味］松本村はひなびた一寒村ではあるが、必ず日本国の骨幹となろう。

［塾生たちの声］

●強い心意気が、とても自分の心にひびきました。
（市川松陰塾南行徳校・坂本さん／小五）

【塾生が選んだ松陰先生の言葉⑤】

人賢愚ありと雖《いえど》も、各々一二の才能なきはなし、湊合《そうごう》して大成する時は、必ず全備する所あらん。

（安政二〔一八五五〕年六月、吉田松陰二十六歳、『福堂策』より）

［意味］人にはそれぞれ能力に違いはあるけれども、誰でも一つや二つの長所を持っているものである。その長所を伸ばせば必ず立派な人になれるであろう。

［塾生たちの声］

●人にはそれぞれその人の良いところがある、互いに認め合うということを教えてくれた。

（長崎松陰塾平和町校・黒川さん／中一）

●自分や友達の長所を見つけ合い、お互いに長所を伸ばして、立派な人になれたら素敵だと思った。

（松陰塾倉敷中島校・福島さん／小六）

●自分が人より劣ってみえるような時でも、必ずその人にでも勝てるような一面が自分にもあると信じることができる。（松陰塾百道浜校・平野くん／中三）

●自分の長所を見つけ、これからも友達にやさしくしたりして長所を大切にしていきたいと思った。（岩手松陰塾鬼柳校・三浦さん／小六）

●友達や家族の短所を探すのではなく、長所を探してそこを褒められる優しい人になりたい。（松陰塾みらい平校・小林さん／中一）

●「長所を伸ばせば必ず立派な人になれる」という言葉がいいなと思いました。（松陰塾浦西校・与那嶺さん／小五）

●人はそれぞれの能力には違いがある。でも誰であろうとその人に長所がないわけではないことを知り、自分自身への考え方を前向きにとらえることができた。（松陰塾愛子校・鎌田さん／中三）

【塾生が選んだ松陰先生の言葉⑥】

凡そ学をなすの要は己が為にするにあり。己が為にするは君子の学なり。人の為にするは小人の学なり。

（安政二〔一八五五〕年九月七日、吉田松陰二十六歳、『講孟余話』より）

［意味］学問をする時大切なのは、自分のためにするということである。自分を正しい人にするための学問は立派な人の学問である。他人に認められるためにするのは、つまらない心の正しくない人の学問である。

［塾生たちの声］

●これから受験に向かって勉強していく中で、「今、自分が何のために勉強しているのか」を忘れずにいたい。

（松陰塾和白丘校・米倉さん／中三）

●しっかりと自分のためにやることが大切で、人にやらされても頭に入らないと思った。

（松陰塾太子校・内田さん／小五）

●他人に認められるために学問をするのではなく、自分のために学問をもっと頑張りたい。

（多治見松陰塾・東本さん／中二）

【塾生が選んだ松陰先生の言葉⑦】

人の精神は目にあり、故に人を観るは目においてす、胸中の正不正は眸《ぼう》子《し》の瞭眊《りょうぼう》にあり。

（安政二（一八五五）年四月、吉田松陰二十六歳、『講孟余話』より）

［意味］人の善し悪しを判断するには、その人の眼を見つめて、その瞳に注意することである。人の心に悪いことがあれば、瞳は隠すことができない。心中正しければ自然と瞳もはっきりしている。

［塾生たちの声］

●僕の将来の夢は、医者です。家族や友達そして患者さんの目をしっかり見て、心も見たいです。そんなかっこいい人になりたいです。

（北九州松陰塾・内村くん／小五）

【塾生が選んだ松陰先生の言葉⑧】

今日よりぞ、幼心を打ち捨てて、人と成りにし、道を踏めかし。

（安政二〔一八五五〕年一月、吉田松陰二十六歳）

「学びの道」に立つ碑

［意味］今日からは、親に甘えていた気持ちを捨てて、立派な成人となる自覚をもって生きていこう。

［塾生たちの声］

●人に甘えていた気持ちを捨て、立派な成人としての自覚をもつということが大切だと思った。（松陰塾香椎校・阿部さん／小六）

●いつまでも親に頼ったり、あまえたりしていてはだめだと思った。（多治見松陰塾・鈴木くん／中一）

●わたしは今日からあまえるのをやめて、りっぱな成人になるためにがんばろうと思いました。（松陰塾香椎校・本村さん／小三）

●いまは甘えているからしょうらいりっぱな成人になって、しっかりはたらきたい。（松陰塾友泉校・西中くん／小三）

●今までは親に甘えてきたけれど、この言葉を読んでこれからはしっかりと自分

で考えて成長していきたいなと思いました。（松陰塾天久校・照屋さん／中二）

【塾生が選んだ松陰先生の言葉⑨】

天下国家の為め、一身を愛惜《あいせき》し給へ。閑暇《かんか》には読書を勉め給へ。

（安政四〔一八五七〕年九月二日、吉田松陰二十八歳、桂小五郎あて）

［意味］天下国家のために、どうか御身を大切にしてください。暇な時には、しっかり読書に励んでください。

［塾生たちの声］

●しっかりまなんで、いろんなことばをおぼえるために、どくしょはたいせつなんだとしった。

（岩手松陰塾鬼柳校・松田さん／小二）

【塾生が選んだ松陰先生の言葉⑩】

聖賢の貴ぶ所は、議論に在らずして、事業に在り。多言を費やすことなく、積誠之を蓄へよ。

（安政三〔一八五六〕年六月二日、吉田松陰二十七歳、久坂玄瑞の手紙への返信より）

［意味］立派な人が大事にするのは、議論ではなく、行動することである。口先ばかりではなく、人としての誠の行いを積み重ねなさい。

［塾生たちの声］

●「大切なことは行動すること」という意味を知り、私も口先だけでなく行動できるようになりたいと思いました。（松陰塾久保田校・田中さん／小六）

●口で言うのは簡単、でも行動しなければ何の意味もない。というところが心に残った。自分も行動に移さないとちゃんとした立派な人にはなれないと知った。

●言っただけで実際行動に移さねば全く意味がない。自分の言葉に責任をもち、それを全うすることの大切さが分かった。この言葉のような立派な人になりたいと思った。

（松陰塾広畑城山校・柴原さん／小六）

（松陰塾浜松大平台校・田中さん／中一）

【塾生が選んだ松陰先生の言葉⑪】

挫するなかれ、折《くじ》くるなかれ。神州必ず滅びざるなり。

（安政六〔一八五九〕年八月十三日、吉田松陰三十歳、久坂玄瑞・久保清太郎あて）

［意味］途中で挫《くじ》けてはいけない。志を変えてはいけない。日本は絶対に滅びないから。

［塾生たちの声］

●勉強を挫けてやめてしまいそうな時にこの言葉を見ると、気合が入ります。

（松陰塾愛子校・柳沼くん／小五）

【塾生が選んだ松陰先生の言葉⑫】

学は人たる所以を学ぶなり。

（安政三〔一八五六〕年九月四日、吉田松陰二十七歳、『松下村塾記』より）

［意味］学ぶのは知識を得るためではなく、また仕事を得るためでもなく、自分を磨くためである。さらに世のために自分がすべきことを知るためなのだ。

［塾生たちの声］

●「学ぶのは、知識を得るためではなく、自分をみがくためである」という意味がすてきで、勉強にしっかり取り組むことができる。

（松陰塾千川大山校・小山さん／小五）

●なんのためにべんきょうするかなと思っていたけど、人のやくに立つためにべんきょうするんだということがわかりました。

（松陰塾久保田校・梅﨑さん／小二）

●短い文でとても分かりやすく、学ぶことは知識を得るだけでなく自分を磨くためでもあり、世のために自分がすべきことを知るためでもある、というところが印象的でした。

（松陰塾瀬田東校・後藤くん／中三）

●良い職に就きたいから、受験勉強を頑張るのではなく、自分のためにするのだと知って、その通りだと思いました。（足立松陰塾西新井校・遠藤さん／中三）

●今の自分は、無理やり勉強をやらされている感じでやっているけど、この言葉を読んで勉強は自分を磨くため、世の中のためにすべきことを知るためだと改めて分かった。これから気持ちを入れ替えて勉強に取り組みたい。

（羽島松陰塾正木校・梅沢さん／中二）

【塾生が選んだ松陰先生の言葉⑬】

父母に順ならざれば天下の快ありと雖《いえど》も亦何ぞ言うに足らんや。

（安政四〔一八五七〕年十一月二十四日、吉田松陰二十八歳、松浦松洞あて）

［意味］父母に孝行を尽くさないのであれば、いくら天下で素晴らしいことを成し遂げたとしても大したこととは言えない。

［塾生たちの声］

●たとえどんなすごいことを成しとげても、親に孝行しないとだめと学んだ。親孝行しようと思った。

（松陰塾泉もえぎ台校・鯨岡くん／小五）

●親孝行をしていることもありしていないこともあるため、しっかりと親孝行をしたいと、この言葉から教えてもらった。

（長崎松陰塾平和町校・末吉くん／中一）

●私が今こうして、充実して勉強できているのは父母のおかげで、そのことに気づかされる文でした。人として、感謝の気持ちを忘れてはいけないと思いました。

（琉球松陰塾糸満校・崎山さん／中二）

●ご飯を食べること、勉強ができること、生きていること、あたりまえのようであたりまえでない日々の生活を送れているのは、親のおかげであり、松陰塾門下生心得の四にあるとおり親を敬い、孝行することが大切だと思った。

（熊本松陰塾健軍校・橋本くん／中三）

●今この塾に通えているのは親が必死で働いたお金があるからです。いつも忙しいのにつらい顔せず毎回送り迎えをしてくれます。私はこれが「あたりまえ」でなく「感謝」したいです。これから、親のありがたさを感じながら勉強し、いつか親に恩返しをして喜んでもらいたいです。

（多治見松陰塾・野牧さん／中三）

【塾生が選んだ松陰先生の言葉⑭】

親思うこころにまさる親ごころ。きょうの音ずれ、何ときくらん。

（安政六〔一八五九〕年十月二十日、吉田松陰三十歳）

［意味］父母のことを心配している私の心より、私を心配してくださる父母の心の方がはるかにまさっている。今日の便り（私の死刑確定の知らせ）をどんな思いでお聞きになるのであろうか。

［塾生たちの声］

●それだけ、お父さんやお母さんが心配をしてくれているんだと思った。

（松陰塾リバレイン本校・重松さん／小四）

●いつまでたっても親の方が子どもを心配していることを知り、自分に置き換えたら感謝の気持ちでいっぱいになりました。

（松陰塾西原校・山里さん／中三）

松陰先生の自筆をもとにした石碑
（松陰神社境内）

【塾生が選んだ松陰先生の言葉⑮】

誠は天の道なり。誠を思うは人の道なり。至誠にして動かざるは未だ之れあらざるなり。

（安政六〔一八五九〕年五月十八日、吉田松陰三十歳、小田村伊之助あて）

［意味］こちらがこの上もない誠の心を尽くしても感動しなかった人には、いまだ会ったためしがない。誠を尽くせば、人は必ず心を動かされるということ。

［塾生たちの声］

●誰かが一生懸命している姿や、自分から手伝いをしている人を見ていると、自分も頑張ろうと思ったことを思い出しました。

（松陰塾倉敷中島校・溝口さん／中一）

●誠を尽くせば、人は必ず心動かされるというところが良かった。

（松陰塾香椎校・谷口さん／中三）

子どもたちに起きる変化

「夢とは何か」「志とは何か」を考えることは、継続的に高い学習意欲を引き出すモチベーションになります。そんな子どもたちを見守っている全国のオーナーや塾長たちも、その変化を日々感じています。

「ショウイン式」で学ぶ子どもたちの変化について感じたことを、塾長たちに語ってもらいました。

■「考える力の成長に驚きと嬉しさ」

岩手松陰塾鬼柳校塾長　佐原広敏

「失礼します。ショウインをやりに来ました」

「失礼しました」

「よろしくお願いします」

「ありがとうございました」

私が講師になってから、よく聞くようになった言葉です。

岩手松陰塾鬼柳校が開校してから、まもなく二年が経ちますが、開校当初に比べて子どもたちの変化を感じられるのが、この挨拶です。鬼柳校に通っている子は比較的低学年が多く、最初の頃は声も出さずに教室に入って来たり、どこに行くとも告げずに教室から出ていったりしていました。こうしたことが懐かしく感じられる程に生徒たちは皆、とても成長しています。礼儀や挨拶などの大切なことをしっかり身に付け、実践していく姿は、子どもたちをとても大きく見せてくれます。

生徒たちが成長しているのは、挨拶だけではありません。日々の授業への取り組み方、特に考える力の成長は、驚きと嬉しさで、講師をしていてとても幸せを感じるところです。

その日、塾に来てやるべきことを、指示を受けなくても自分で考え進められる子や、自分の苦手な教科・単元を自分で分析して、満点を取るまで何度も挑戦する子、自分で時間を決めて計画的に学習を進めていく子、ノート学習の気付いたことを自分の考え、自分の言葉でしっかり伝えられるようになった子など、日々一歩、また一歩と子どもたちは進んでいます。子どもたちに「ショウイン式」の自立学習が、しっかり根付いている証拠だと思います。

佐原広敏氏

子どもたちがどんどん成長する、大きく変化していく、そんな姿を近くで感じられるのは、松陰塾で講師をしているからこその喜びだと思います。

■「自信が自立につながる」

松陰塾久保田校塾長　梅﨑　優

「どうせやっても無理」
「自分にはできない」
「間違えるのがこわい」

小学生も中学生も学年にかかわらず、入塾当初の生徒たちは、みんな口癖のようにこんな言葉を言っていました。

褒められたことがあまりないため、自分に自信がなく、間違えることは恥ずかしいことと思っていました。「ショウイン式」の「わかるところから始める」ことにより、「スラスラ解ける」→「楽しい！自分にもできる！」という自信につながり、初めは「勉強なんてキライ！」と言っていた生徒が、「先生、できたよ！見て！」とはじけるような笑顔を見せてくれます。そんな時は「やったね！」とハイタッチをしたり、時には抱き合ったりして喜びを爆発させます。その時の生徒の最高の笑顔を、ぜひ保護者の方にも見ていただきたいと思っています。

こうやって、少しずつ成功体験を積み重ねていき、「ショウイン式」での学習方法を習得していくと、授業のたびに「今日は何やったらいいですか？」と〝指示待ち〟だった生徒も、席に着き、「今日はこの単元でいいんですよね？」と自ら課題を見つけ、黙々と学習を進めています。

梅﨑優氏

先日、割り算の単元を学習していた小四の女の子が、「先生、わたしは九九をよく間違えるので、かけ算の復習をしてもいいですか？」と申し出てきました。また、小二の女の子は「ヒント」と「ポイント」を頼りに、小四で習う二桁の割り算をクリアしています。

数学のテストで一桁しか点数が取れなかった中二の生徒も、基礎学力テストで七割取れ、計算力がついてきたと嬉しそうに報告してくれました。

わたしはただ、ショウイン式の三大法則「わかるところから始める」「わかるまで先に進まない」「わかるまで繰り返す」をひたすら徹底し、生徒と一緒に、できた喜びを分かち合っているだけです。こんなにも成長していく生徒たちを間近で見ることができるのは、この上ない喜びです。また、私自身も、いろいろな気付きを生徒たちからもらうこともあります。これからも人間力、指導力に磨きをかけ、生徒たちと一緒に成長していきたいと思います。

■「挨拶・返事の徹底は自立学習への近道」

琉球松陰塾糸満校塾長　北川浩之

私は沖縄県で松陰塾を経営して満三年になりますが、さまざまな生徒が来られます。学年でいうと小学二年生から高校二年生まで、偏差値でいうと三四から六八まで、国籍でいうと日本の他に中国、タイなど、さまざまな生徒に入塾して頂

北川浩之氏

き指導を行っています。

これだけ多くの生徒を指導していると、「伸びる生徒」「伸びるのに時間がかかる生徒」「伸び悩むだろうなという生徒」が体験授業の際にわかります。ものすごく簡単に書くと、「挨拶ができる」「返事ができる」「目を見て話ができる」生徒は、比較的成績が伸びるのが早いです。言い換えるならば「松陰塾門下生心得※」が自然と身についている生徒です。

吉田松陰先生の教えはまさに「人間教育」であると私は思っており、入塾段階で「人間教育」の受け入れが苦手な生徒は残念ながら「教育（勉強）」も苦手な傾向が強いです。ですので、上記の「松陰塾門下生心得」がまだ身に付いていない、もしくは苦手な生徒には最初に、

・挨拶をしよう
・先生には「です」「ます」をつけて話をしよう
・返事をしよう

ということを約束しています。

学校では多少やんちゃだったり、授業中におしゃべりをしてしまったりすると保護者様からお伺いする生徒も多いのですが、「ショウイン式」で学習を始めると、集中しておしゃべりをすることなく学習をしてくれます。松陰塾で自立学習ができるようになると、学校や家庭でも集中して勉強ができるようになります。

※松陰塾門下生心得

一、自立学習ができる力を、人に頼ることなく自ら磨くこと

二、自己中心の考えを捨て、人への思いやりの心を磨くこと
三、塾生同士結束し、生涯の友を見つけること
四、親を敬い、孝行すること
五、人の役に立つ「志」を持つこと
六、自分の長所を自覚すること
七、実行することを第一義とすること
八、礼儀正しく、礼節を守ること

■「子どもたちの姿勢を変えた読本」

松陰塾和白丘校塾長　松尾章太郎

「こんにちは！」

「ありがとうございました！」

当たり前の挨拶ですが、「松陰塾門下生読本」を配布する前と比べると、元気さと前向きさが増してきたと感じております。

以前は、生徒によっては、そっと教室を出ていましたが（教室が静かなので遠

慮している生徒もいました）、そうした生徒も堂々と挨拶ができるようになってきたことが大きな変化といえます。また日頃から、親への感謝や志の大事さを指導し続けていますが、それが、「見える化」されたことによって、説得力が増したと感じています。

松尾章太郎氏

授業開始時には門下生読本を机の上に出させて、一読させてから授業に入るようにしています。配布してからの時間がまだまだ経っていませんので、この点での目に見える変化はありませんが、価値観というものは水滴が石を穿《うが》つごとく、繰り返し静かに極小の力を加えることによってつくられるものです。読本に書かれていることを一つでも多く身に付けることが人格と品位の向上を促すと考えております。

「志」はなかなか持てないものです。心の中に秘めているものでもあります。

ですが、これを持っている生徒は成績が良い傾向にあるのもまた事実のようです。ある生徒が「門下生読本」の「私の志」のところに、「頼れる◯◯になる」とすぐに書きこんでいました。この生徒は中学三年生の中で最も成績が良い生徒で、二番目に成績が良い生徒も志を書きこんでいました。

多様性が広く認められる時代となり、学校を含め社会の中で「自助の精神」が表だって指導されることがなくなってきました。また「使命」「責任」という言葉も「天下国家のため」というよりは「自己実現のため」という社会認識へと変化してきています。「社会のために命はある」という考え方を現代人の私たちでは伝えることはなかなか難しいものです。しかし、読本のおかげで吉田松陰先生の言葉から塾生が自ら学び取る機会が与えられることは極めて価値の高いことだと考えています。

今後の生徒の変化が楽しみです。

■「子どもたちに感じる二つの変化」

松陰塾太子校塾長　熊手　望

私はこの「ショウイン式」で学んでいる子どもたちを見守っていて、大きな二つの変化を感じています。

一つ目は、自分で進んで勉強する姿勢がいつの間にか身に付いてきているということです。これには、私も本当に驚いているのですが、これぞまさに「ショウイン式」による学習効果の真骨頂であると思っています。

最初は解けなかった問題でも、繰り返しチャレンジし、しっかりとノート学習をしていくと、いつの間にか解けるようになっている。私は決して子どもたちの手を引っ張って、前に進めたりはしません。子どもたちに寄り添い、励ましているだけです。

二つ目は、集中力を持続できる時間が伸びてきているということです。私はこれを「学習における持久力」が付いてきていると表現しています。この持久力を

熊手望氏

付けることは、学力の向上を目指す中でとても重要になってきます。「学力の差」は「時間の差」とも言い換えることが出来るように、子どもたちは、集中して時間をかけて学習すれば必ず実力は上がります。その学力向上のための大切な土台が確実に築かれています。

　この他にもさまざまな変化が見受けられ、毎日、子どもたちの成長する姿に感動しています。

「志」の種をまく師となる

「ショウイン式」では勉強と並行して、「夢とは何か」「志とは何か」を子どもたちに意識するように呼び掛けています。「松下村塾門下生読本」の配布はその一環ですが、その成果は勉強にも良い影響を与えています。

では、最後に一つ質問します。

あなたが考える「志」とは何でしょうか。

吉田松陰先生の「志」は、「人の役に立つことを成す」でした。生前には叶いませんでしたが、命がけの行動は人々を変え、門下生たちが明治維新を主導しました。その結果、短期間での近代化を成し遂げ、欧米列強の脅威にさらされていた日本の危機を救ったのです。

「志」とは自分の「目標」や「夢」の先にあるもの。いつ到達するのかさえわかりませんが、不退転の覚悟で臨む価値のあるチャレンジです。松陰塾から、世界平和を実現する生徒が生まれるかもしれません。子どもたちに「夢」を「目の前の目標」に変える力を付けさせながら、私たちは「志の種をまくこと」を「志」にしたいと思います。

吉田松陰先生の残した言葉の一つとして「学は人たる所以を学ぶなり」を紹介しました。この言葉は自立学習を身に付ける上で、とても大切なキーワードだと考えており、松下村塾に建立した顕彰碑にも刻銘しているのは前述の通りです。

人間として大切なこと、人間はどのように生きていくべきかを知るためにも、私は正しい勉強の仕方を学ぶ場を本気で作りたいのです。吉田松陰先生の松下村塾をバックボーンとし、現代に蘇る松下村塾を作っていきたいと考えています。

そのためにも、日本の教育の礎になろうという人たちとお会いして、もっともっと夢に近づくためのお話をしたいと思っています。

幸せが巡る「四方よし経営」

私が松陰塾の経営者たちに伝えたいことは、「四方よし経営」というものです。「三方よし」という、近江商人の心得をご存じでしょうか。「売り手よし」「買い手よし」「世間よし」の三つの「よし」。売り手と買い手がともに満足し、社会貢献もできるのが良い商売であるという意味です。これに「天もよし」と付けるのがショウイン流の「四方よし」です。私は、周囲全てをよしとする、幸せ日本一の塾を作りたいと考えています。

「趣味で塾をやりたいから、生徒は少ない方がよい」などという自分勝手な考え方はなくしましょう。勉強で困っている子ども、成績が伸び悩んでいる子どもを持つ保護者を、一刻でも早く救ってあげなければなりません。そのために生徒募集を怠ってはならないと考えるのが松陰塾の気持ちです。

「自分の塾さえ儲かればよい」もダメです。自分の塾で不祥事を起こせば、全体に迷惑がかかると考えましょう。成功事例は内緒にせず、グループ全体で共有する。本部へ報告すれば全体に広まる。これが松陰塾の同志としての思いやりです。

学問の神さま・吉田矩方命《のりかたのみこと》としても信仰を集める吉田松陰先生の教育理念に学び、さらにお名前まで拝借しています。名に恥じぬよう日々精進し、ご報告を兼ねて毎年松陰神社へ公式参拝に訪れ、ようやくご恩返しも始めているところです。

今、私たちは天に背中を押され、事を成すための厚いご加護を感じています。松陰神社に現存する松下村塾は二〇一五年に世界遺産となり、呼応するように加盟校が急増しました。二〇一七年に神社の特別の許しを得て松下村塾そばに顕彰碑を建てたあと、二〇一八年には松陰塾の公式キャラクター「アポロ」や「松陰

松陰神社への公式参拝（2019年 4 月 6 日）

先生」を描いたイラストレーターの谷口亮氏がデザインした作品が東京オリンピック・パラリンピックの公式キャラクターに選出され、話題を呼びました。さらに同年、松陰先生の門下生を祀る松門神社へと続く「学びの道」を整備し、碑を建立することができました。

二〇一九年の今年、松陰塾の塾生による大きな挑戦が始まりました。千葉県在住の十五歳、今野駿太君による北米大陸横断計画です。七月に松陰神社で出発式が行われ、今野君は八月にカ

松陰塾キャラクター（左からアポロ、ティコ、松陰先生）

イラストレーターの谷口亮氏（後列中央）を囲んで

北米大陸横断中の今野駿太君

ナダのセントジョンズからトロントまでの約三〇〇〇キロを自転車で走破。来年以降も夏休みを利用して、自転車とカヌーを使い、六年をかけて北米大陸約一万四〇〇〇キロを横断する予定です。

　吉田松陰先生は一八五四年、米国渡航に失敗して投獄されましたが、まるでこの松陰先生の「志」を受け継ぐかのように北米横断に挑む今野君を、ショウインも「team 志 project」としてバックアップしています。

　こうした一連の出来事がたとえ偶然であったとしても、私たちは松陰先生への感謝の心を持って今後も取り組んでいきたいと考えています。松陰塾は「現代に蘇る松下村塾」として類まれな天の追い風を受け続けているのですから。

おわりに

二〇一五年九月に『小中学生が通う・現代版 松下村塾のつくりかた』と題した書籍を海鳥社様より出版させていただきました。この本では、私が個別指導塾で十五年間指導し、苦い失敗の経験を繰り返した末に、学習塾業界で初めて本格的なパソコンによる自立型学習とコーチングを組み合わせた指導に行き着いたことを書いています。そして吉田松陰先生の「松下村塾」での指導方法を学ぶことにより、「教えない」教育スタイルが誕生するまでの秘話を書きました。

すでに四年が経過し、その後の進化を皆様にお伝えするため、本書を書き下ろすことにしました。「松陰塾」の伝統は「進化し続けること」であり、数年経るだけでも目を見張る進化があり、アイテムも増えているからです。

松陰塾を開業される方々の研修時、私はオーナーの皆様にお話をする時間を頂戴しています。本書では、私がこの時にお伝えしていることにも少し触れながら、松陰塾の教育理念と経営理念、そして私どもが感謝の気持ちを込めて松陰神社へご奉納させていただいた顕彰碑や「松陰語録」を刻んだ碑の建立のこと、松陰神社と吉田松陰先生の関係、「松下村塾が現代に蘇った」と言われる意味をご紹介しました。また実際に松陰塾に加盟され、着実に成果を出しておられるオーナー塾長の成功の秘訣も、本書を手にされた方に惜しみなく公開することにしました。

今、新しい教材システムを開発しています。それはＡＩ（人工知能）が講師役として子どもの学力と進捗をもとに日々の学習を指示し、目的地まで最短でナビゲートするものです。これまでの先入観に固執する講師がやみくもに指導していたプロセスが排除され、子どもに寄り添った指導を行うことができます。この先、ＡＩの普及によって消滅する職業が出てくると言われていますが、他業種に先駆けて学習塾講師の失業が目前に迫ってきているのです。

「ショウイン式」の学習を通じて子どもたちは、「日々わかる勉強」を楽しみ、塾長は「子どもたちの生き生きとした笑顔」を楽しみ、保護者は「自信をつけて明るくなった子どもたちの成長」を楽しむ。これこそが「勉強の三楽」であり、これからの塾経営の醍醐味でもあります。

最後に、本書に登場していただいた松陰神社・上田俊成名誉宮司、松陰塾塾長の皆様、生徒の皆様、そして編集をお手伝いいただいたライターの光本宜史さん、素敵な表紙デザインに仕上げていただいたデザイナーの上原孝之さん、今回の出版で大変お世話になった海鳥社の田島卓編集部長、そして何よりも本書を手にしてくださった読者の皆様に心から感謝の言葉を述べさせていただきます。

本当にありがとうございました。

田中正徳（たなか・まさのり）
1956年、福岡市に生まれる。「ショウイン式®」学習システム創始者。次世代教育プロデューサーとして教育コラムなどを執筆。ネット学習システムの開発プロデュース多数。株式会社ショウイン代表取締役、一般社団法人日本漢字習熟度検定協会理事長。福岡県無形文化財一朝軒伝法竹保存会副会長。著書に『小中学生が通う・現代版松下村塾のつくりかた』（海鳥社）がある。

AI時代《じだい》の衝撃《しょうげき》！
「教《おし》えない学習塾《がくしゅうじゅく》」成功《せいこう》の秘密《ひみつ》!!

■

2019年11月25日　第1刷発行

■

著　者　田中正徳
編　集　光本宜史
カバーデザイン　上原孝之
発行者　杉本雅子
発行所　有限会社海鳥社
〒812-0023　福岡市博多区奈良屋町13番4号
電話092(272)0120　FAX092(272)0121
印刷・製本　シナノ書籍印刷株式会社
ISBN978-4-86656-059-5
http://www.kaichosha-f.co.jp
［定価は表紙カバーに表示］